THE THEORY ON STRATEGY

谋略

[古罗马] 弗龙蒂努斯 ◎ 著
魏止戈 ◎ 译　马骏 ◎ 主编

"战争论"丛书编委会

主　编　马　骏
副主编　纪明葵
编　委（排名不分先后）
　　　　马　刚　王洪福
　　　　房　兵　赵子聿

http://www.hustp.com
中国·武汉

图书在版编目(CIP)数据

谋略 / (古罗马) 弗龙蒂努斯著；魏止戈译. -- 武汉：华中科技大学出版社，2016.5（2024.4 重印）
（战争论丛书）
ISBN 978-7-5680-1417-5

Ⅰ. ①谋… Ⅱ. ①弗… ②魏… Ⅲ. ①军事理论—古罗马 Ⅳ. ①E895.46

中国版本图书馆CIP数据核字(2015)第284329号

谋略
Moulüe

[古罗马]弗龙蒂努斯 著　　魏止戈 译

选题策划：晋璧东
责任编辑：沈剑锋　康　艳
封面设计：金刚创意
责任校对：马燕红
责任监印：朱　玢

出版发行：华中科技大学出版社（中国·武汉）
　　　　　武昌喻家山　邮编：430074　电话：(027) 81321913　(010) 64155588

印　　刷：湖北新华印务有限公司
开　　本：880mm×1230mm　1/32
印　　张：5.5
字　　数：133千字
版　　次：2024年4月第1版第13次印刷
定　　价：25.00元

本书若有印装质量问题，请向出版社营销中心调换
全国免费服务热线：400-6679-118 竭诚为您服务
版权所有　侵权必究

"战争论"丛书主编马骏同志简介

马 骏 国防大学战略教研部教授，中国第二次世界大战史研究会理事、中国德国史研究会会员、中国史学会军事史学分会会员。长期从事外国军事史、外国军事思想和国际政治教研工作。应邀在北京大学、中山大学、北京林业大学、北京师范大学、北京科技大学、对外经贸大学、首都师范大学、武汉大学、贵州省、山东省、四川省、沈阳军区、新疆军区及日本防卫厅讲学。在中央电视台新闻频道、军事频道、科教频道、法律频道多次做专家访谈。主要著述有：《外国战争史与军事学术史》《日俄战争史》《日本军事战略研究》《外国军事史学研究概论》《科索沃战争研究》《二十世纪经典战役纪实》《美苏在开辟伊朗走廊过程中的矛盾与冷战的起源》等专著。

"战争论"丛书副主编纪明葵同志简介

纪明葵 国防大学教学督导组专家,原国防大学副教育长,少将军衔。战略、战役学教授,国家军事仿真专业组特聘专家。清华大学、哈尔滨理工大学、兰州大学、内蒙古师范大学、中国延安干部学院兼职教授。《国家智库》执行主编、中国网专栏作家。著有《现代战役研究》《危机控制与管理》《打击跨国犯罪》《国际恐怖主义与反恐怖斗争》《A地区战略危机决策与控制管理》《信息化条件下的国防动员》《反空袭作战研究》等专著,发表学术论文几百篇。

"战争论"丛书编委马刚同志简介

★ 马 刚 国防大学战略部军事思想与军事历史教研室主任，国家安全战略和国际战略学科学术带头人，博士研究生导师，校学术委员会委员。毕业于解放军外国语学院和国防大学，历任国防大学战略研究所研究员、第二炮兵导弹旅旅长、国防大学防务学院训练处长、办公室主任、国防大学战略研究所副所长等职，曾在俄罗斯工作，长期从事国家安全、国际战略问题研究和我军对外培训工作。著有《新中国军事外交》《中国人民解放军战略文化》《胜利的启示》等专著。

"战争论"丛书编委王洪福同志简介

王洪福　国防大学战略教研部军训室主任,军事战略学科学术带头人,军事战略学硕士生导师,空军大校。先后毕业于西安空军工程大学、陆军指挥学院、国防大学、巴基斯坦国防学院。先后出国担任中国驻老挝、津巴布韦军事教官组组长,获得老挝国家三级功勋勋章。长期从事战役战略教学与科研,并应邀在全国各地以及全军多个部队讲授有关国家安全形势方面的专题讲座。著有《现代国防理念略论》,参与编写《空军战略学》《军种战略学》等专著。

"战争论"丛书编委房兵同志简介

★ **房 兵** 国防大学战役教研部军训教研室副主任，大校军衔，军事学博士。CCTV—10《探索发现》系列专题片《百年航母》《马岛战火》《特战奇兵》《突然袭击》主讲人。中央电视台《海峡两岸》《今日关注》《防务新观察》《环球视线》《东方时空》，北京电视台《军情解码》，深圳卫视《军情直播间》，云南卫视《经典人文地理》《新视野》等栏目特约军事专家，中国国际广播电台《环球资讯广播》特约评论员。著有《大国航母》《烽烟利比亚》《马岛战火启示录》《航空母舰与战争》。

"战争论"丛书编委赵子聿同志简介

赵子聿 国防大学危机管理中心主任，教授，博士生导师，国家安全战略学学科带头人。长期从事国家安全和危机管理研究，在20多项国家和军队重大课题中担任负责人和主笔人，中国应急管理领域50位名家之一。主要著作有《国家安全危机决策》《国家安全危机管理析论》《美国陆军》《面对动荡的世界》等。获军队优秀科研成果一等奖，军队学科拔尖人才培养对象，军队学习成才先进个人，二次荣立个人三等功。

我们的战争观:不好战!不畏战!决战必胜!

——写在"战争论"丛书出版之际

马克思曾说,战争是推动人类文明前行的火车头。他形象地指出了,战争机器如同推土机一般,碾过历史的血肉之躯,于荆棘中开疆拓土,前行的轨道上沾满血腥。生命在战争面前是那么地脆弱。残忍,是战争诞生以来形成的秉性。战争同暴力几乎就是一对同义词,暴力是战争的本质属性,也是马克思主义的战争观。即使进入现代战争模式之中,诸如贸易战、金融战、外交战、黑客战、网络战、病毒战、舆论战等,战争的本质仍然是残酷的,充满暴力的。所以,我们认为,所谓的"武器仁慈化""战争非暴力化""战争泛化"等观点是不妥当的。因为,当前形势下,战争将无时不在,无处不在。身为中华民族的一份子,必须时刻对各种战争形态保持高度警惕,因为战争的根本法则,依然是保存自己、消灭敌人!

正因为战争的本质是残忍的,同时它又是人类历史发展进程中的常态现象,所以,对于战争的看法,自古以来就分为多种复杂的看法。比如,西方军事理论家克劳塞维茨在《战争论》中写道:战争是强迫敌人服从我们意志的一种暴力行为。德意志帝国铁血宰相俾斯麦认为，我们所处的时代的重大问题不是靠演说和决议所能解决的，这些问题只有靠铁和血才能解决。战争理论家伯恩哈迪认为，战争是人类生活中一种具有头等重要意义的生物法则，它是人类社会中不可缺少的起调节作用的东西。无疑，这几位西方军事大师，对战争都是笑脸相迎的。

与其相反，是反对战争的人们。比如，罗马时代的军事家、历史学家李维认为，对那些需要战争的人来说，战争是正义的；对那些失去一切希望的人来说，战争是合理的。曾经以炮舰政策横行世界、身经百战、建立起日不落帝国的英国，却对于战争有着这样的民间谚语：战争一开始，地狱便打开。而作为东方文明古国，中国经历了无数次的烽火狼烟，更深刻地体会到战争的血腥与残酷，所以，我们的老祖宗谆谆教导中华儿女："师之所处，荆棘生焉。大军之后，必有凶年"（老子）、"兵犹火也，不戢将自焚"（陈寿）、"皇帝动刀枪，百姓遭了殃"。2015年11月7日习近平主席在新加坡国立大学的演讲更是鲜明地指出，国强必霸并不是历史的必然规律，中华民族历来热爱和平，深知"国虽大，好战必亡"的道理。

我们认为，天下虽安，但忘战必危；虽然冷战结束了，但战争的硝烟一刻未熄。我们必须要有备才能无患。围绕"战争"，我们需要明白如下几个问题：

战争的首要目的是为了和平。 战争只是一种手段，战争的最高境界就是"不战而屈人之兵"。对于一次战役（战斗）来说，战争的目的是消灭敌人、保存自己。而从整体的、纵向的角度来说，战争除了在历史上扮演着王朝更替的催化剂、助产士这类角色之外，符合人类社会发展进步的战争，归根结底其目的应该是为了和平。正如亚里士多德所说，战争的目的必须是为了和平。这样的战争才是正义的。然而，存在着繁杂利益纠葛的人类社会要想取得和平并不是简单、无代价的，因为"你想和平，就要准备战争"（韦格蒂乌斯）、"只有胜利者，才能用战争去换取和平"（萨卢斯特）。对于我们中国来说，构建强大的、现代化的军队是维护世界和平的重要战略支撑力量。

战争需要理性对待：不好战。正由于战争是头洪水猛兽，因此需要高超的驾驭能力。只有驾驭得好，才能避免引火自焚。在能够避免战争爆发的情况下，应尽一切努力化解矛盾与纠纷。所谓上兵者伐谋，不战而屈人之兵。即使在具体的战场（战役）指挥中，总司令最重要的品质是冷静的头脑，尤其是在国际风云变幻莫测的复杂背景下，如何理性地对待战争，如何理性地在战争与和平之间做出选择，考验着每一个中国人的智慧。总之，当我们被愤怒"操纵"的时候，当我们希望通过战争这一手段，快刀斩乱麻地解决麻烦与纠纷的时候，我们需要对战争持有一颗理性、冷静的心，并记住：叫喊战争的人是魔鬼的参谋；狂热者的脑袋里没有理智的地盘。我们更要懂得著名诗人贺拉斯的一句反战名言背后的意味：所有的母亲都憎恨战争！而历史已经反复告诉世界：中国人不好战！

战争需要一种勇气：不畏战。无论是冷兵器时代还是高科技战争时代，战争都是残忍的，需要付出的是生命的代价。因此，战争机器不能轻易启动。不过，不好战不代表完全拒绝战争、排斥战争、畏惧战争。在世界丛林的游戏法则中，一个民族一个国家，要想生存发展，保持必要的用于自卫的强大武装力量是必要的，更是必须的。1840年鸦片战争以来，西方以炮舰政策强加在中华民族头上的羞辱与屠杀的历史教训告诉我们,只有自身强大、手握撒手锏,才能避免被杀戮、羞辱的命运。民族、国家的尊严,是构建在必要的武力基础上的,尤其是当关系到我们的国家主权和民族尊严、关系到我们的核心利益时,战争是必须的。历史事实已经多次郑重地告诉世界:中国人不好战,更不畏战!

战争需要一种理智:英勇善战。人们若想取得战争的胜利,就必须认识战争的客观规律,将其抽象为战略战术,在客观条件许可范围内,运用从客观中抽象出来的战略战术指导战争,战争是智者的博弈。毛泽东说:"指导战争的人们不能超越客观条件许可的限度,期求战争的胜利,然而可以而且必须在客观条件的限度之内,能动地争取战争的胜利……指挥员在战争的大海中游泳,他们要不使自己沉没,而要使自己决定地有步骤地到达彼岸。作为战争指导规律的战略战术,就是战争大海中的游泳术。"

战争需要一种凝聚力:忠于祖国。作战需要彼此配合,在战场上尤其是在特殊的环境下,危险会来自四面八方。所以,只有铸造一种团结一致、统一对外的团队精神,才能帮助每一个作战中的人消除防范时刻出现的危险。无数的事实已经证明,每一个英勇善战的部队,每一支特种作战部队,要想取得胜利克敌制胜,必须是铁板一块!法军统帅拿破仑说过,统一指挥是战争的第一要事,也是产生凝聚力不可缺少的要素。那么,凝聚力来自哪里?对于中国军人来说,首先来自于听党指挥、忠于祖国、忠于人民这一神圣的最高宗旨,来自于共同的保家卫国的誓言,来自于全心全意为人民服务的社会主义核心价值观,来自于不怕苦不怕累不怕牺牲、做忠诚可靠的人民子弟兵的信念。其次,凝聚力来自于科学合理、统一规范的军队制度化建设,来自于平时官兵一致、爱兵如子、相亲友爱的军内关系。最后,凝聚力也来自于绝对服从、铁的纪律。

战争需要一种自信:会打必胜。战争是一种你死我活的搏斗,所以,保存自己、消灭敌人是战场上的最高法则。对于军人来说,拥有坚韧的必胜的自信心,是一种高贵的品质。当然,自信不是自负,那种不顾实际情况、盲目草率的军事行动,只能归为冒险盲动主义。坚定的必胜信念来自于知己知彼、百战不殆。军人的自信心,既要求军队的指挥官养成信赖自己的习惯,即使在最危急的时候,也要相信自己的勇敢与毅力,也要求普通士兵具备想当将军的优秀品质。为什么不想当将军的士兵不是好士兵?因为这样的士兵没有必胜的自信心。凡是有决心取得胜利的人,从来不说不可能。

战争需要学习。对于中国军人来说,无论是古今中外的战争实例、战争历史、军事著作、谋略经典、军事名家,还是当代他国的军队建设成就、最新武器装备成果,都需要我们秉持古为今用、洋为中用、兼容并包、取长补短的谦虚谨慎、认真仔细的态度,去学习其经验,汲取其教训,最终在掌握精髓、创造创新中超越,并将其转化为自己的真实本领。毛主席曾经教导中国军人,没有文化的军队是愚蠢的。诸如"战争论"丛书里的蒋百里《国防论》、克劳塞维茨《战争论》、马汉《海权论》《海军战略论》、杜黑《空权论》、若米尼《战争艺术概论》、韦格蒂乌斯《兵法简述》、米切尔《空中国防论》、鲁登道夫《总体战》,都是我们学习的优秀精神食粮。当然,作为将来要上战场的军人,不仅要重视学习军事理论,更要在平时的摸爬滚打中铸就高素质的作战能力。平时流汗，才能避免战时流血。因此，西谚有云，你有一天将遭遇的灾祸是你某一段时间疏懒的报应。军人需要的就是一种学习、学习、再学习，坚持、坚持、再坚持的韧劲。

战争需要研究。战争既是一门艺术，也是一门科学。作为艺术，战争需要驾驭它的人必须具备高超的领导力与决断力；作为一门科学，需要我们认真对待，通过去伪存真、去粗取精、由表及里、由深入浅地找出其中蕴含的最简单、最明晰、最管用的规律来，以指导实际中的军事行动。通过学习、研究，尤其是打开自己的视野之后，我们会发觉自己的不足之处，从而通过跨越式发展，尽快补足短板，以提升我们的实际战斗力。这套"战争论"丛书值得我们花费力气熟读一番、好好研究。

战争需要实践。通过对古今中外军事著作、战争实例、战争历史的学习研究，我们所获得的只是理论上的东西。理论知识的作用只有运用于实践，才能知道它的真实价值。正如毛主席强调的，一切学习的目的全在于运用。所以，对于军人来说，除了学习研究古今中外的军事历史、战例与理论之外，更需要通过实战来检验我们手中到底掌握了多少的战争真理与有用的军事方法。一切的战争规划与理论，全在于实际的执行力与效力。因此，想得好是聪明，计划得好更聪明，做得好是最聪明又是最好的。而从国家的角度来说，日常的军队国防建设均在于服务于实战、为实战做准备。俗话说得好，未雨绸缪，养兵千日用兵一时。战争机器不是摆设，更不能是花架子，必须接受实战的检验。另外，战争中蕴含的谋略、道理，也可以作为其他领域决策、管理的参考。

战争需要谋略。 伟大的革命导师、苏联红军统帅列宁曾经鲜明地指出，没有不用军事计谋的战争。我国明代文学家、谋略家冯梦龙强调，兵在精而不在多，将在谋而不在勇。正因为如此，古今中外诞生了大批研习战争谋略的大师名家。可以说，蒋百里《国防论》、克劳塞维茨《战争论》、杜黑《空权论》、若米尼《战争艺术概论》、韦格蒂乌斯《兵法简要》、米切尔《空中国防论》、鲁登道夫《总体战》、马汉《海权论》《海军战略论》等，每一本军事经典都是战争智慧的结晶。作为军人，一定要时刻铭记：永远别以为敌人比你愚蠢！轻视对手的后果是严重的。正确的态度就是毛泽东同志所说的，战略上藐视敌人，战术上重视敌人。拿破仑有句话说得好，世上只有两种力量：利剑和思想。从长而论，利剑总是败在思想手下。

战争需要发展。 人类的历史长河是永远向前发展的。从最初的刀耕火种，到自然的田园农业文明，再到欧洲十七八世纪的工业革命，再到十九世纪、二十世纪的电气革命，直到二十一世纪的信息化革命。每一次的生产力跃升都推动着经济的巨大发展，而与武器装备直接相关的生产力的质的进化，更是推动着战争形态的惊天变革。所以，军人必须远比其他人要更为敏感地关注世界形势的变化以及涌动出的最新的社会现象与科技成果，使自己具备察天观地的与时俱进的本领，不落伍于时代，才能决胜于千里之外，才能履行好保家卫国的职责。我们认为，与时俱进有两个标准：一是随着时代的发展而发展，二是无论时代怎么发展始终抓住最简单最管用的精髓。军事艺术是一种执行命令的艺术，一切复杂的计谋都应当抛弃掉。简单明了，是执行好军事行动的首要条件。

战争需要实力。战争归根结底是实力的较量，从来都是敌对双方军事、政治、经济、科技、文化、外交等多种因素的综合较量，而不单纯取决于某一种因素。所以，对于我们的国家，需要通过"发展"这一硬道理，来全方位提升我们的经济发展水平和科技质量，全面地加强我们国家的综合实力，为战争提供强大的国家保障力。对于我们的百姓，需要通过各种措施加强国防意识与国家安全意识教育，培育国民的军事素养，建设强大的民兵预备役部队，要藏兵于民。对于我们的军人，广大士兵要通过艰苦的学习、训练，加强自身的单兵作战能力与团队合作作战能力，以及军兵种协同作战能力。对于指挥官，则需要进一步提升自己的军事指挥素质。震惊欧洲的拿破仑说过：一头狮子带领的一群羊，远远胜过一只羊带领的一群狮子。我们的军队需要培育出一批批的狮子老虎，才是名副其实的威武之师！

谈了这么多与战争有关的话题，那么，新时期的中国军人，还要做些什么呢？首先就是，要牢牢抓住军队政治工作这一生命线。我军自成立以来即高度重视政治工作。1929年12月28日—29日，中国工农红军第四军第九次党代表大会在福建上杭县古田村通过的《中国共产党红军第四军第九次代表大会决议案》（即著名的古田会议决议案），即明确指出，红军是"一个执行革命的政治任务的武装集团"，必须服从党的领导，自觉担负起宣传、组织、武装群众等任务。古田会议划清了红军与旧式军队的界限，解决了无产阶级革命军队建设的根本性问题。2014年10月30日，新时期的全军政治工作会议在福建上杭县古田召开，习近平主席出席会议并发表重要讲话，提出把理想信念、党性原则、战斗力标准、政治工作威信在全军牢固立起来；抓好铸牢军魂、高中级干部管理、作风建设和反腐败斗争、战斗精神培育、政治工作创新发展"五方面"工作；加强军事文化建设，从难、从严、从实战要求出发"摔打"部队，培养广大官兵大无畏的英雄气概和英勇顽强的战斗作风，着力培养有灵魂、有本事、有血性、有品德的新一代革命化的"四有"军人。中国军人，任何时候都要牢记"听党指挥、忠于祖国与人民"这一最高宗旨，争当让党和人民放心满意的优秀军人。

其次，要积极做好军事斗争的准备。西方战神克劳塞维茨强调，作战的基本原理是，切勿完全处于被动地位。对于一支军队来说，只有时刻以与时俱进、未雨绸缪的精神抓好军事斗争准备，才能避免被动、才能有备而无患。只有时刻准备好，才能令出即行、迅速把握战机，避免陷入被动挨打的泥潭。

再次，紧紧围绕战斗力做文章。衡量一支军队的好坏，关键就看能否打胜仗。拿破仑曾预言，中国是一头睡狮，一旦醒来将震撼世界。但是，没有利爪的狮子只能是摆设。能打胜仗是衡量军队质量的根本标准。没有战斗力，其他都是空谈。

最后，要进一步加强贯彻落实"科技强军""质量建军"战略，进一步高度重视兵民结合的人民战争的战略战术研究与运用，始终牢记并掌握"军民团结如一人，试看天下谁能敌"这一法宝。

在新时期，面对日趋复杂的国内外环境，军人的天生敏感性告诉我们——这个世界并不太平。因此，作为中华人民共和国的柱石，中国人民解放军需要进一步地紧紧抓住中国的特殊国情，做好强军的一切工作，需要进一步地牢牢抓住决定战争胜负的各方面的关键性因素，从要害处着手，全面加强军队的改革与建设。如此，才能确保我们这座保家卫国的钢铁长城永不倒塌！

回首过去，我们对战争充满敬畏。我们不轻言战争，我们不惧怕战争，我们只为战争做好准备。业绩造就伟人，战功成就军人。辉煌的中国革命史证明中国人民解放军是一支听党指挥、能打胜仗、作风优良的人民武装力量。

中国军人的勤奋和荣誉，足以鼓舞千秋万代的中国青年。

祝愿一切热爱军事、关心国防、热爱和平的读者朋友，能从囊括古今中外著名军事经典的这套"战争论"丛书中汲取有益的养分，从无到有、由小到大、从弱到强地培育自己的国防军事素养，形成自己的国防观、战争观，以求在将来或许会发生的、某个特殊的时刻履行自己"保家卫国"的神圣职责。

"战争论"丛书编委会

2015年10月

目录 CONTENTS

卷 一 1
 隐蔽己方计划 5
 刺探敌方计划 10
 择定作战方式 12
 如何率领军队通过受敌威胁的地方 14
 如何摆脱困境 18
 行军途中设伏和遭埋伏 25
 如何掩饰物资匮乏或何以补足 27
 分散敌人精力 28
 平息兵变 31
 如何遏制不合时宜的求战欲望 32
 如何激励军队的作战热情 33
 如何消除因不利的先兆在士兵中产生的恐惧心理 ... 38

卷 二 41
 选择交战时机 44
 选择交战地点 48
 交战之兵力部署 51
 在敌人队伍中制造混乱 58
 设伏 62

欲擒故纵，力避出现困兽犹斗之势 …………… 76
不露败绩 ……………………………………… 78
倾全力，振士气 ……………………………… 81
若战斗顺利结局，如何了结未竟之战 ………… 83
见兔顾犬，亡羊补牢 ………………………… 86
坚定动摇分子的信心 ………………………… 86
为将者对自己的部队失去信心时，为稳住阵脚应做些什么 88
退却 …………………………………………… 89

卷 三 ……………………………………………… 93
出敌不意 ……………………………………… 96
示假隐真 ……………………………………… 97
策反用间 ……………………………………… 99
饥敌 ………………………………………… 101
因势制宜，因情措法 ………………………… 102
声东击西，调动敌人 ………………………… 103
断河毁水 ……………………………………… 105
惊敌 ………………………………………… 106
攻其无备 ……………………………………… 107
诱敌入瓮 ……………………………………… 110
佯撤 ………………………………………… 112
提高警觉 ……………………………………… 113
传送情报 ……………………………………… 114
调用增援和供应粮秣 ………………………… 115
明示充裕之形，暗隐短缺之实 ……………… 116
反间 ………………………………………… 117
出击 ………………………………………… 119
临危镇定，以虚充实 ………………………… 121

- 卷 四 ……………………………………………… 123
  - 纪律 ………………………………………… 126
  - 纪律的作用 ………………………………… 133
  - 自制 ………………………………………… 135
  - 正义性 ……………………………………… 137
  - 坚定性 ……………………………………… 137
  - 善意与机巧 ………………………………… 142
  - 其他 ………………………………………… 143
- 后 记 ……………………………………………… 153

卷 一

我本人对军事学有着极高的兴趣，也曾系统化地整理军事规则[1]，虽然在研究军事方面我只是刚刚起步，但是通过辛勤的劳作，我是能够完成这部著作的。

我还认为，为了完成这项使命，对古代将领那些用谋略一词所蕴含的机敏诀窍的活动进行简单的论述，这都是我的职责所在。通过这部书，指挥官们便能够充分了解诸多富含深意和高瞻远瞩的范例，进而有利于培养他们自身运筹帷幄和将谋略付诸实践的能力。此外，如果一个将军能够将自己的谋略和历经战争论证的经验相对比，那么他就不用担心他所创造的计谋的成败了。

虽然我非常清楚古人对军事谋略有过探讨，而且许多作家也论述过历史上著名的战例与史例，但是，我依旧认为，我继续做这方面的研究能够给那些忙于工作的人们提供一种更加便捷的服务。

要知道，要亲自埋头于浩瀚的历史文献中去寻找个别的案例，那可是一件让人头疼的事情；而那些擅长编纂战史的人往往又会将人们带进一大堆纷繁杂乱的事实之中，让人们茫然无绪。

---

[1] 这里指作者的《兵法》，但该书已经失传。

我之所以如此兢兢业业地搞研究，不过是想按照所陈述的命题从实际需要出发，给读者提供适宜的史例。为了更好地筛选史例，并按照主题进行归类，我准备把它们分编成三个卷次。在第一卷里，我将讨论交战前使用谋略的实例；在第二卷里，我主要论述与交战有关的以及对彻底克敌制胜有影响的实例；在第三卷里，我罗列围困和解除围困的谋略的实例。在这三卷的基础上，我又对每卷的实例进行分类组合。

　　我恳求读者宽容地对待这部著作，因为我的恳求不是毫无根据的。我希望读者在发现我遗落某些实例时不要对我加以指责，因为谁能够将流传至今的用两种语言[1]写成的所有文献逐一读遍呢？

　　对于浩如烟海的实例，我并没有逐一编入本书，有些是我故意忽略的。因为，任何一个读过主笔同类题目的其他作者作品的人想来都是能够理解的。更何况，对他们来说，将类似的实例填补到每个分类中去实在是轻而易举的事情。

　　我编写这部书的目的绝对不是像过去的作家那样，主要是为了沽名钓誉，博取称道，而是希望它能够造福民众。所以，如果有人为这部书进行补充完善，那么我认为他对我所做的是帮助，而非责难。

　　读完这部书后，如果有人认为这几卷的内容符合他的心意，那么我希望他要注意分清楚"战略"和"谋略"之间的不同含义，虽然二者的性质极其相似。

　　一般而言，在军事上，指挥官实施的行动是以深谋远虑、目标明晰、有胆有识、决心果断为特征者，都属于战略范畴；而有些行动具有此类特征中的某些独特的形态，则属于谋略范畴。

---

　　[1]指希腊文和拉丁文。

通常来讲，后者的主要特征是凭借熟巧和机敏，生效于敌人逃遁或将被摧毁之前。在这个领域中，言辞往往产生一定的效果。所以，我所提供的实例既有行动方面的范例，也有言辞方面的范例。

以下所列涉及战前行动的各种谋略，于指挥官皆有教益。

第一，隐蔽己方计划；

第二，刺探敌方计划；

第三，择定作战方式；

第四，如何率领军队通过受敌威胁的地方；

第五，如何摆脱困境；

第六，行军途中设伏和遭埋伏；

第七，如何掩饰物资匮乏或何以补足；

第八，分散敌人精力；

第九，平息兵变；

第十，如何遏制不合时宜的求战欲望；

第十一，如何激励军队的作战热情；

第十二，如何消弭因不利的先兆在士兵中产生的恐惧心理。

隐蔽己方计划

1.马尔库斯·波尔奇乌斯·加图[1]认为，西班牙各城邦虽然臣服于自己，但是这些城邦总有一天会凭借构筑的工事，重新拿起武

---

[1] 即小加图，罗马共和国末期的政治家和演说家，是斯多噶学派的追随者。他因为传奇般的坚忍和固执而闻名（特别是他与盖乌斯·尤利乌斯·恺撒长期的不和），他不受贿、诚实，厌恶当时普遍的政治腐败。

器反抗自己。为了避免这样的事情发生,他给每个城邦单独下了一道命令:毁掉工事,如果不立刻执行命令,他将统率大军征讨。

下达命令时,他要求传送命令的士兵一定要在同一天将命令传达到所有城邦。如此一来,每个城邦都认为这道命令是上级专门下发给自己的。如果说,各个城邦知道所有城邦都收到这样的命令,那么他们极有可能串通起来,拒绝执行这道命令。(公元前195年)

2.迦太基[1]将领希米尔科[2]希望舰队突袭西西里岛,但是他对这次航行的目的地不置一词,他只让人给各舰舰长送去一只密封好的封套,里面标明航线的图示和停泊的港口。他还要求,只要舰船没有因为遭到暴风雨袭击而与旗舰离散,任何人都不能拆读手里的封套。(公元前396年)

3.盖犹斯·拉埃柳斯作为特使,被派往西法克斯,在随行队伍中,有许多打扮成奴隶和侍者的间谍。其中有一个名叫卢奇乌斯·斯塔托留斯的人,他多次来过该地,而敌人似乎也认出了他。为了掩盖卢奇乌斯·斯塔托留斯的真实身份,拉埃柳斯像打奴隶那样鞭笞他。(公元前203年)

4.塔克文[3](高傲者)决定杀掉加比的头目们,但是他又不愿意将这个意图告诉别人,所以,他对儿子派来请示如何处置加比的头目们的使者秘而不宣。面对使者,他只是不停地在花园里漫步,有时用小树条摧折那些长得最高的罂粟花的茎头。使者没

---

〔1〕坐落于非洲北海岸(今突尼斯),与罗马隔海相望。最后因为在三次布匿战争中均被罗马打败而灭亡。

〔2〕迦太基航海家、探险家,曾由地中海航行到欧洲西北海岸。

〔3〕指老塔克文,即普里斯库·塔克文,这个词语通常用于他的儿子,即罗马共和国的最后一位国王。

有得到任何回复便转身离开。回去后,他将亲眼所见的老塔克文的行为告诉了小塔克文。结果,小塔克文立即明白如何处理那些挑头的加比头目们。

5.盖乌斯·恺撒[1]认为埃及人是不可靠的,他决定攻占埃及。为了隐蔽自己的意图,他决定给人一种他早已纵情于酒色的印象。在他前去视察亚历山大城及其防务时,他又假装沉迷于当地的女色,让人们感觉他已经被埃及人的习俗和生活征服了。然而,在装模作样的同时,他调来了援兵,一举攻占埃及。(公元前48年)

6.在文蒂迪乌斯与安息国王帕科卢斯作战时,一个名叫法尔奈乌斯的塞尔海斯提卡省人来到营地,他自称是文蒂迪乌斯的盟友,可实际上,他将文蒂迪乌斯军队配备的一切情报都告诉了安息人。发现情况后,文蒂迪乌斯便将计就计,他假装对自己最希望发生的事情表现出极为恐惧的样子,而对他害怕出现的事情却表现出极为渴望的样子。他非常担心安息人会驻扎于卡帕多西亚境内托罗斯山脉一侧的军团在未获增援前就横渡幼发拉底河。于是,他制造各种假象,让那个间谍像平时一样向安息人传递情报,这个间谍让安息人在那路程最短、幼发拉底河流入一条很深河床的措格马附近渡河。他认为,如果安息人果真走这条道路,那么他就可以利用丘陵地形的有利条件躲过安息人的弓箭手,不过,他担心安息人会沿着开阔地带向下游推进。所幸的是,安息人因为情报问题,选择了绕过下游前进。为了准备渡河材料和架设桥梁,他们整整花费了40天的时间。而文蒂迪乌斯则利用这段

---

[1]罗马共和国(今地中海沿岸等地区)末期杰出的军事统帅、政治家。

时间在安息人到达前三天将自己的部队收拢回来。然后，他趁着安息人尚未准备就绪而发动进攻，最终打败了帕科卢斯，并将其击毙。（公元前38年）

7. 米特拉达梯[1]遭到庞培[2]大军围困，他想在第二天撤兵离去。为了隐藏自己的作战意图，他下令部队扩大采办粮秣的范围，其范围甚至和庞培部队驻防的平原地区相距不远。他还特意做了第二天要见许多人的安排，以此来消除敌军的怀疑。此外，他还要求部队在营垒中多添加焰火。最后，他在夜间第二班换岗时，率领部队贴着敌人的营垒撤走了。（公元前66年）

8. 恺撒·图密善·奥古斯都——日耳曼尼库斯皇帝看到日耳曼人武装起来后想要派兵镇压。但是，他深知，如果日耳曼人事先得知有一位像他那样的大统帅前去，那么日耳曼人必定会有所怀疑并做好战争准备。为此，他对外宣称，他离开罗马进行巡游的目的是到高卢去做一次调查。结果，他轻而易举地将战火燃烧起来，并镇压了那些剽悍的部落，保障了那里的安宁。（公元83年）

9. 克劳狄乌斯·尼禄[3]要在哈斯德鲁拔与他的兄长汉尼拔会师之前将哈斯德鲁拔和他的部队消灭，这是取胜的关键所在。但是，尼禄本人对自己的部队没有信心，他很想和他的同事、受命指挥战役的李维乌斯·萨利纳托联合起来。为了不让扎营于对面

---

[1] 即米特拉达梯六世（公元前132年或公元前131年—公元前63年），古代小亚细亚本都王国国王，是罗马共和国末期地中海地区的重要政治人物，也是罗马最著名的敌人之一。

[2] 庞培（公元前106年—公元前48年），古代罗马共和国末期著名的军事家和政治家，勇悍善战，凶残嗜杀，在同盟中势力最强。

[3] 古罗马帝国的皇帝，公元54年—68年在位。

的汉尼拔窥探他的作战意图，他便从罗马大军中挑选了1万名极为强悍的勇士留下来，并下令留守的临时统领一定要一如既往地派出警卫和岗哨，点燃同样数目的灯火，让营帐外观和之前的没有区别，以迷惑汉尼拔，让他不敢轻易攻击留守的少量部队。

在尼禄秘密行军到翁布里亚去与李维乌斯会合时，他不让士兵们扩展营帐，以免迦太基的统领得知他已经抵达该地的消息。哈斯德鲁拔一旦知道罗马的最高军事统帅已经率兵抵达该处，肯定力求避免作战。结果，尼禄用他增援的军队出其不意地攻击并消灭敌军。在汉尼拔得到这一消息之前，尼禄已掉转枪口对准了他。这样一来，尼禄用同样的计划把两个最足智多谋的迦太基将领击败。（公元前207年）

10.泰米斯托克利说服部属将拉西第梦人下令拆毁的城墙尽快修复。但是，消息走漏，斯巴达[1]派人前来询问。对此，他对斯巴达派来查询此事的使者说，他将亲自前往斯巴达解释清楚。

他真的来到了斯巴达。到达后，他先装病，拖延时间，在这个计策被看破后，他又宣称，斯巴达人所听到的消息都是无中生有，他要求斯巴达派出若干知名人士前往查探虚实。与此同时，他背地里给雅典人写信，要求他们将前往雅典的知名人士全部扣留起来，直到城墙全部修复为止。

后来，他就对斯巴达人说，雅典确实已经修复了城墙，派去的那批人可以返回，但是必须让他自己先安全返回。对此，斯巴达人毫无计策，只能同意，因为他们不愿意因杀死他一个人而使自己一方许多人被害。（公元前478年）

---

〔1〕古希腊一城邦，亦称拉西第梦。

11.卢奇乌斯·富留斯率领他的军队到了一处不利的阵地。他不想暴露自己的紧张,以免引起全军的恐慌。他不动声色地调整了行军方向,好像他要做一次远距离迂回运动,以攻打敌人。如此一来,他最终带领部队走出了困境。

12.梅特卢斯·庇护在西班牙时,有人这样问他:"你明天准备干什么?"他这样回答:"要是我的战袍能告诉你,那我就立刻把它烧掉。"

13.有人问马尔库斯·李锡尼·克拉苏:"你准备何时开拔?"他答道:"你是担心听不到号声吗?"

刺探敌方计划

1.西庇阿·阿非利加努斯借助往西法克斯那里派遣使节的机会,下令保民官[1]一起前往西法克斯,他们的使命是刺探国王的兵力。为了更好地打探消息,他们故意放走一匹骏马并假装追那匹马。为此,他们跑遍了大部分敌军的筑垒营地。在他们将打探到的消息汇报后,战争很快就爆发了,他们以火烧敌军营垒而胜利。

---

[1]古罗马时期维护平民利益的一种特殊官职。产生于公元前5世纪初平民第一次分离运动获胜之后。保民官从平民会议中选出,最初为2人,后来增加到10人。保民官人身不受侵犯,享有一种特殊权力——否决权。保民官的权力之大甚至可以否决罗马元老院的决议。除独裁官外,对其他任何高级长官的决定,只要违背平民利益,他们均有权予以否决,但其权力只限于罗马的城区和近郊。保民官在罗马共和国时代的平民反对贵族的斗争中曾起过一定的作用,但到罗马帝国时代,它已形同虚设。

2.在罗马人与伊特鲁里亚人作战时，罗马统帅对于侦察工作的各种机敏的方法还不甚了解，昆图斯·费边·马克西穆斯让懂得伊特鲁里亚语的费边·西索换上敌人的衣服，深入奇米尼森林打探敌情。在此之前，罗马军队从未到过这个地方。费边·西索非常谨慎、尽心尽力地完成了任务。在穿过整片森林后，他发现卡梅里的翁布里亚人对罗马人并无敌意，于是他劝说他们和罗马人结盟。（公元前310年）

3.迦太基人在发现亚历山大的实力发展过于迅猛，已对阿非利加构成威胁时，他们就派出一个名叫哈米尔卡尔·罗狄努斯的自由民前去打探情报。此人被"流放"到亚历山大那里去，到了该地后，此人大力讨好国王，并博得了国王的信任。得手之后，罗狄努斯立刻将国王的计划泄露给他的同伴。（公元前331年）

4.迦太基人长期派遣以使节身份居住在罗马的人以保卫己方情报的安全。

5.在西班牙期间，马尔库斯·加图对侦察、掌握敌方的计划一筹莫展。为了获得敌军的情报，他抽调300名士兵同时对敌人的驻地发动攻击，从敌人中抓获一名俘虏，将其带回大本营。经过拷问，俘虏说出了他所知道的全部秘密。（公元前195年）

6.在和辛布里人、条顿人交战期间，罗马执政官盖犹斯·马略想摸清楚高卢人和利古里亚人的忠诚。他给他们寄去信件，在信中，他要求对方不得在规定时间之前拆封里面尚未开封的另一件信套。紧接着，他在预定时间之前，要求对方将原件退回，结果，他发现所有的密封件都被拆开过。于是，他知道，敌人的反抗行动正在进行。（公元前104年）

7.伊特鲁里亚战争期间，执政官埃米柳斯·保卢斯打算将他的军队调到韦图洛尼亚城附近的平原上去。但是，他忽然发现，远处的森林上空飞起来了一大群鸟。他认为此事可疑：首先，这群鸟是因为受到惊吓才飞出来的；其次，一次性飞出这么多的鸟绝对有问题。

为了安全起见，他派出几名侦察兵前去侦查，结果发现有1万名波希人埋伏在森林里。于是，他派他的军团从敌人未曾设防的另一个方向对敌人发动攻击，很快，罗马人击溃了敌人。

8.奥雷斯特斯之子蒂萨梅努斯得到消息，说敌人已经占据了前方的山岗（一座天然要塞）。于是，他派出侦察兵前去打探虚实。侦察兵汇报说，消息不准确。于是，队伍继续向前开进。但是，没多久，他就发现，一大群鸟从那个山岗后面飞起来，而且几乎不再落下。他据此推测，山岗背后肯定有埋伏。于是，他率领部队迂回行军，绕开了那些设伏等他入瓮的敌人。

9.汉尼拔的弟弟哈斯德鲁拔最终知道了李维乌斯的军队与尼禄的军队已经会合（尽管尼禄和李维乌斯为了隐蔽军情没有分开扎营）。哈斯德鲁拔之所以知道这个情况，是因为他发现敌军的马匹变得消瘦，人晒黑了，而这些是行军后的自然结果。（公元前207年）

择定作战方式

1.马其顿国王亚历山大拥有一支强大的军队，他非常喜欢摆开阵势交战的作战方式。

2.盖犹斯·恺撒在内战时，统率着一支由富有作战经验的老兵组成的军队。他的敌军都是未经训练的新兵，所以他总是想方设法摆开阵势交战。

3.费边·马克西穆斯在与骄傲的汉尼拔作战时，决定放弃任何冒险性决战，而集中全部力量固守意大利。最后，他因此赢得了稳健派和大将军的雅号。（公元217年）

4.拜占庭人在与腓力人征战时，想尽一切办法避免决战，甚至放弃领土防御，只坚守城堡，最后腓力人因为失去持久围困的耐心而撤兵。（公元前339年）

5.在第二次布匿战争[1]中，当普布柳斯·西庇阿杀气腾腾地逼过来时，吉斯科之子哈斯德鲁拔将军队分布在西班牙的各城市之间。结果，西庇阿担心兵力分散，强攻诸多城市会带来巨大的损耗而只好将军队撤回冬季营地。（公元前207年）

6.当薛西斯[2]临近时，泰米斯托克利[3]认为，雅典人既没有能力与敌人进行陆战、保卫领土，也不可能长期忍受敌军的围困。所以，他建议将雅典人的妻子和孩子全都送到特罗伊真和其他城邦去，放弃城市，而将战场转到海上。（公元前480年）

7.伯里克利在同一座城邦与斯巴达人征战时采用的也是上述同样的战法。（公元前431年）

8.当汉尼拔依旧停留在意大利时，西庇阿就将军队调到阿非利加。如此一来，迦太基人只能将汉尼拔从意大利召回。如此一来，西庇阿就将战场从自己的领土上转到了敌方的领土上。（公元前204年）

---

[1] 发生于公元前218年—公元前201年。
[2] 即薛西斯一世（约公元前519年—公元前465年），波斯帝国国王。
[3] 泰米斯托克利（约公元前528—公元前462），雅典将军。

9.在将狄西里亚（雅典人的一个城堡）筑成要塞后，斯巴达人便经常从那里对雅典发动突袭。为此，雅典人进行了报复，他们派出舰队前去骚扰伯罗奔尼撒半岛（斯巴达人的根据地）。如此一来，斯巴达人只能将驻扎在狄西里亚的斯巴达军队召回。（公元前413年）

10.在日耳曼人按照以往的战术从森林牧场和隐蔽的掩体向罗马人发动攻击，随后又躲到森林中去时，恺撒·图密善·奥古斯都大帝将帝国的疆域一直向前推进了120里，这样一来，他不但改变了战争的性质，而且打掉了对方的掩蔽所，征服了敌人。（公元83年）

如何率领军队通过受敌威胁的地方

1.在卢卡尼亚，执政官埃米柳斯·保卢斯统率军队沿着海边一条狭窄的小路行军。这个时候，埋伏在周围的他林敦人的船队用弩炮向他的部队发动进攻。对此，保卢斯镇定从容地作出决定：用俘虏来掩护行进中的队伍。为了不伤害俘虏，敌人最终停止了进攻。（公元前282年）

2.斯巴达人阿格西劳斯带着大批虏获物从弗里吉亚往回走，尾随而来的敌人却利用有利的地形袭击他的部队。为此，他将俘虏分成两列，部署在部队的两侧。由于这样部署，斯巴达人最终得以逃脱。（公元前396年）

3.还是这位阿格西劳斯，这次他准备通过被底比斯人占领的一道峡谷。他下令部队掉转方向，摆出自己准备开往底比斯的架势。底比斯人看到后发慌了,立马撤军回去守卫家乡。如此一来,阿格西劳斯又按照既定的行军方向前进,没有遇到任何抵抗,顺利抵达目的地。(公元前394年或公元前377年)

4.埃托利亚国王尼科斯特拉图斯在与伊庇鲁斯人作战时发现,要想攻入敌人的领地只能通过一条狭窄的峡谷。不过,在战场上,他出现在另一个地方,做出他好像要从那里攻打的架势。

当伊庇鲁斯人的大批部队都前来抵挡他们时,他却只留下极少的一部分人坚守,让敌人误认为自己军队依然留在原地,而他自己却率领主力部队穿过这个无人把守的峡谷,进入伊庇鲁斯的领地。

5.波斯人奥托弗拉达提斯率领部队前往皮西迪亚,他发现要隘已经被敌人攻占。于是,他假装自己的作战计划已经受挫并开始退兵。结果,皮西迪亚人信以为真。在夜幕掩护下,奥托弗拉达提斯抽调一支精干的部队前去攻占这些要点,第二天,他率领整支部队越过了要隘。(公元前359年—公元前330年)

6.在向目的地希腊挺进中,马其顿国王腓力听说,希腊部队已经攻克了德摩比利隘口。这时,埃托利亚的使者前来跟他谈判媾和。但是,他扣下使者,亲自率领军队强行军,直奔隘口。由于守军还在等候使者返回,放松警惕。结果,他出其不意地出现在敌人面前,并通过了德摩比利隘口。(公元前210年)

7.雅典将军伊菲克拉特斯在赫勒斯谤沿岸的阿拜多斯附近与斯巴达人阿纳克西比乌斯交战。有一次,他准备统率部队通过被对方攻占的地方,但是那里一面是陡峭的大山,一面则濒临大海,易守难攻。伊菲克拉特斯只能伺机行动。有一天,天气异常寒冷,一般情况下,这样的天气是不宜出征的,但是,他却挑选精兵猛将，让他们用油擦身子，又让他们喝酒取暖，然后，他命令他们沿着海边前行，在最险要难行处泅水渡过那个地方。如此一来，他出其不意地出现在敌军的背后，击溃了驻守隘口的敌军。（公元前389年—公元前388年）

8.有一次，格奈乌斯·庞培发现，对岸有敌军驻守，自己想渡河困难重重。于是，他心生一计，他每天都带着自己的部队出营演练，然后再度拉回来。时间一长，敌人松懈下来了。看到这样的战机，他立刻发动突袭，成功渡过了河流。

9.印度王公波罗斯率领大军占据希达斯皮斯河，阻止马其顿国王亚历山大率领军队渡河。亚历山大便命令他的部队做渡河演习。波罗斯只好加强对岸的防卫，可是，亚历山大却突然率领他的军队在这条河的上游渡河。（公元前326年）

10.还是这位亚历山大，在印度河面前遇到了难题，印度地方军在这个地方设防。为此，亚历山大便向沿河各处派出骑兵假装部队要渡河。如此一来，敌人便时刻保持戒备状态。其实，亚历山大却在稍远的地方攻占了一个小岛，刚开始用小股部队，继而用大部队，从这个地方渡过印度河。在敌人的主力前来攻击时，亚历山大却从一个没有敌军守卫的浅滩处渡过河去，并与他的部队会合。（公元前326年）

11.一次，色诺芬向他的部队下达了一道命令：在亚美尼亚人占领的河对岸寻找两处渡河地点。在他来到下游渡口被敌人击退时，他便转向上游；当他在上游被击退时，他又返回下游。不过，临走时，他总是命令一部分士兵留在原地，让他们在亚美尼亚人返回去防守下游时乘机从上游渡口渡过河去。对此，敌人一无所知，他们以为所有的希腊人都折回上游去了，而没有注意到留下来的那些希腊人。于是，这些希腊人在没有任何抵抗的情况下，从下游的渡口渡过了河流，并掩护自己的同伴，以便大部队能够顺利渡河。（公元前401年）

12.在第一次布匿战争中，执政官阿庇乌斯·克劳狄乌斯没有办法将他的部队从雷吉翁沿岸运送到墨西拿去，因为迦太基人控制了海峡。为此，克劳狄乌斯散布流言说，这是一场未经过全体人民赞同的战争，他没有办法继续打下去，并装模作样，做出让舰队驶回意大利的架势。迦太基人信以为真，便各自分散开来。结果，阿庇乌斯趁机返回并在西西里登陆。（公元前264年）

13.某些斯巴达的将军准备乘舰船前往锡拉库萨，但是他们担心停泊在沿岸的迦太基人舰队会干预。于是，他们将从迦太基人手里夺过来的舰船以凯旋的姿态航行在前面，而将自己的舰船安排在被俘舰船的旁边或者是拖在后面。结果，迦太基人果真以为迦太基的舰队大获全胜，进而放松戒备，而使斯巴达人成功驶了过去。（公元前397年）

14.腓力没有办法渡过一个叫做斯忒那的海峡[1]，因为雅典舰队在这里设防了。为此，他让人给安提帕特送去一封信，说色雷斯人造反了，切断了他留在那里的守备部队与外界的联系，要安提帕特不惜一切代价，火速赶往那里。腓力想办法让这封信落入敌人手中。雅典人果然抓到了这名送信员，他们认为自己已经得知马其顿人的秘密情报，于是把舰队撤走了。于是，腓力便在不费一兵一卒的情况下通过了海峡。（公元前340年—公元前339年）

15.腓力想要攻占切尔松尼斯，但它曾经是雅典人的附属地，

---

〔1〕即赫勒斯泌海峡，今称达达尼尔海峡。

而且不仅拜占庭的舰队,还有罗得人和希俄斯人的舰队都控制着海峡。为此,他将那些俘获来的船只归还给它们的主人,作为调停他和挑起战争的拜占庭人之间媾和的抵押品,如此一来,他赢得了对方的信任。不过,他拖延了谈判时间并对条款的细节提出了修改。于是他便组建了一支舰队,并趁着敌人毫无防备的时候,出其不意地进入海湾。(公元前339年)

16.由于敌人封锁严密,雅典人卡布里亚斯没有办法安全地接近萨摩斯的港湾。他只好派出几艘舰船开往港口,他认为敌人为了提防会尾随跟踪。果然,敌人中计了。他便在没有阻碍的情况下,以剩下的舰队夺取了这座港湾。(公元前388年)

如何摆脱困境

1.在西班牙战争中,一次,昆图斯·塞多留决定渡河作战,但是敌人却从背后袭击他的部队。为此,他下令:在河岸上构筑起一座新月形的壁垒,用木材堆放在上面,然后将其点燃。如此一来,他阻断敌人的袭扰,顺利地渡过河去。(公元前80年—公元前72年)

2.在帖撒利之战中也发生过相同的情况,底比斯人佩洛皮达想要渡河。他在岸边选了一块空地,这块空地的面积远远超过了安营扎寨所需要的面积,他下令部队用易燃物和其他材料构筑起一道壁垒,并放火将它烧起来。在火势将敌人阻挡住的时候,他们则趁机渡河。(公元前369年—公元前364年)

3.昆图斯·卢塔提乌斯·卡图卢斯为辛布里人所击败,他脱离险境的唯一希望是率军渡河。但是，敌人在河岸边严防死守。对此，他下令部队摆出自己将在附近的山岗上安营扎寨的架势，不过，他严令部下不许打开辎重，不要卸载弹药，更不能轻易离开队伍或者军旗。

为了给敌人留下自己果真会在这个地方安营扎寨的印象，他要求部队在极为显眼的地方搭建几顶帐篷，点燃灯火，让一些士兵构筑壁垒，而派一些士兵到敌人可以看得到的地方收集木材。

看到这一切的辛布里人以为，对方要在此地驻扎，于是他们也开始选择自己的营地，他们的部队四散开来，以便筹集安营扎寨所需要的物资。如此一来，辛布里人就为卡图卢斯提供了安全渡河的机会，及袭扰自己的机会。（公元前102年）

4.克罗埃苏斯没有办法渡过哈利斯河，因为他既没有船只，也没有钱建造一座桥梁。不过，他统率部队逆流而上，在自己军营后侧挖了一条水渠。如此一来，河床便跑到他的部队的背后去了。（公元前546年）

5.格奈乌斯·庞培在布隆迪辛时，决定撤离意大利，将战场转移到别的地方去，因为恺撒正从背后不断地逼近。在渡河时，他命令部下在几条通道上设置障碍，而在别的地方则以沿途修筑的壁垒进行封锁，有些地方则用壕沟隔开，壕沟里还扎了许多尖桩并用柴草将其遮盖起来，在上面撒上一层薄土。在通往港湾的几条大路上，为了确保安全，他还让部下砍下许多树枝放在地上，并堆积起来。经过这样的安排之后，他认为可以给敌人留下自己想要坚守该城的印象。最后，他抽调部分弓箭手到城墙上防守，而其他的部队则有序地登船离去。在他离开时，留守的弓箭手也顺路登上小船，逃之夭夭。（公元前49年）

6.当执政官盖犹斯·杜埃柳斯率领舰队闯入锡拉库萨港时,被设在港湾入口处的铁链困住了。为了摆脱困境,他下令全体将士到船的尾部集合,当船头朝上翘起的时候,他命令划桨手奋力前行。如此一来,船头便越过铁链向前推进。在船体的前半部分越过去之后,他要求士兵们全部回船内,再将船头压低,结果重量又转到这边,从而让船越过了铁链。(公元前260年)

7.由于敌人将舰船凿沉,扔进海水流经的一个相当狭窄的湾口,结果斯巴达人来山得统率的舰队被困在雅典的港湾里,动弹不得。为了摆脱困境,来山得下令部队悄悄地登上岸。然后,他下令部队在舰船底部安装上轮子。最后,他将舰船运到附近的穆尼希亚港。(公元前404年)

8.在西班牙境内,昆图斯·塞多留的副官伊尔图莱乌斯统率步兵大队沿着蜿蜒于两座大山间的一条长长的窄路行军。忽然间,他发现敌人的一支部队正迎面逼近。于是,他下令部队在两山之间挖了一道壕沟,用木头壁障堵住,并把木头点燃,然后乘机撤退。结果,敌人对他的袭击意图落空了。(公元前79年—公元前75年)

9.内战时期,盖犹斯·恺撒统率大军和阿弗拉尼乌斯作战时,没有办法将部队隐蔽起来。于是,他便让作战第一线和第二线的部队严阵以待,而抽调第三线的部队撤退到后面去挖凿一道15英尺[1]深的壕沟。如此一来,他的部队便可以在傍晚时分带着武器前来休息。(公元前49年)

10.伯罗奔尼撒人将雅典人伯里克利赶到四周为高山峻岭所围绕的只有两个出口的地方。面对险境,伯里克利命令部队自一端

---

〔1〕1英尺=0.3048米。

挖一条很宽的壕沟，将敌人阻隔开来，然后在另一端铺设一条便道，以便部队突围。伯罗奔尼撒人认为伯里克利的军队不会通过他们构筑的壕沟逃跑，于是将部队都集中到铺路的那一端。看到敌人中计，伯里克利便将事先准备好的铺板架在壕沟上面，使自己的部队顺利摆脱险境。（公元前430年）

11.有一次，亚历山大帝国的继承人之一利西马库斯想让自己的部队在一座高高的小山丘上安营扎寨，但是因为属下的疏忽，结果营帐扎在了低处。他担心敌人会居高临下发动进攻，于是下令部队挖了三道壕沟，并用壁障围了起来。紧接着，他又命令士兵们在每个帐篷周围挖一条普通的壕沟，以此来加强整个营帐的设防。这样一来，他就阻断了敌人冲杀的通道，并且他还让士兵们在那些壕沟里填上泥土和树叶，并让士兵们移驻到较高的地方去。（公元前323年—公元前281年）

12.盖犹斯·丰泰留斯·克拉苏在西班牙时曾经亲自统率3000人去劫掠粮秣。但是，他在一处不利的地形上遭到哈斯德鲁拔大军的围困。面对险境，他临危不乱，将计划透露给最高等级的百人队队长们。在夜幕降临时，在被认为几乎不可能实施军事行动的时候，他穿过敌人的警戒线。

13.在萨谟奈战争中，执政官科尔内柳斯突然在一处不利于己方作战的战场上遇到敌人。普布柳斯·德奇乌斯极力劝说科尔内柳斯派出一支小分队前去抢占附近的一个高地，并主动请缨担任这支小分队的头领。执政官同意了。如此一来，敌人将占领高地的小分队团团围住，而执政官却脱离了险境。最后，德奇乌斯通过夜间突围，脱离险境，他和他的小分队最后安全地与执政官会合。（公元前343年）

14.有一个人在执政官阿蒂柳斯·卡拉蒂努斯统率下也做过类似的事情。这个人的名字有很多种叫法，如拉贝留斯、昆图斯·凯迪奇乌斯等，但更多人叫他卡尔普纽斯·弗拉马。在看到己方部队已经进入谷地而谷地的各个出口及周围的制高点都被敌人攻占、部队处境极为危急时，他请求执政官抽调300名士兵给他。执政官同意了。他便鼓励大家要以英勇无畏的勇气挽救大部队。话音一落，他便冲进谷地。而敌人则纷纷从四面八方冲杀过来，准备将他和他的300名士兵消灭，不过，他们以顽强的斗志牵制住敌军，为执政官制造了救出部队的机会。（公元前258年）

15.执政官昆图斯·米努奇乌斯和他的部队在利古里亚的一个峡谷被困住了，这个时候，将士们都想起了考狄昂山峡惨败的情景。面对这种情况，米努奇乌斯命令努米底亚人的辅助部队开往敌人把守的谷口。

之所以这么安排是因为这些人长相粗俗，坐骑很难看，不容易引起敌人更多的注意。果然，敌人一开始很警觉，害怕遭到袭击，派出了岗哨。努米底亚人为了让敌人松懈下来，他们故意从马上跌落下来，并做出各种搞笑的动作。敌人看到这些情况后，完全被吸引住了，整支队伍也混乱了起来。

看到敌人中计，努米底亚人便慢慢地靠近过去，用马靴刺踢马，策马穿过了敌人的防线。紧接着，突围出去的努米底亚人便在附近的田野里放火。得知田地被人烧了，利古里亚人着急万分，匆忙撤回去保卫自家的领土。这样一来，被围困在隘口的罗马人最终脱险。（公元前193年）

16.在同盟者战争中，卢奇乌斯·苏拉在埃塞尼亚附近的一个峡谷里被杜伊柳斯指挥的军队团团围住。苏拉要求谈判,但是双方谈了半天并没有达成协议。在谈判中,苏拉发现敌人因为谈判而放松戒备,他们甚至将卫队调走。于是,苏拉乘着黑夜率部撤离,只留下一名司号兵仍按时吹号,给敌人留下他的军队仍然驻留原地的假象。不过,他并没有抛弃这名司号兵,他告诉司号兵在吹完第四遍号后追上部队。就这样,苏拉所率领的部队安全无损地抵达安全地带,他的所有辎重和武器也都完好无缺。(公元前90年)

17. 苏拉在卡帕多西亚与米特拉达梯的将军阿尔凯劳斯作战时,因为遭遇不利地形和敌人大量兵力的围困而陷入困境,于是他要求媾和。在谈判期间,他趁着对手松懈下来溜之大吉。(公元前92年)

18. 由于敌人占据峡谷的出口,汉尼拔的兄弟哈斯德鲁拔无法从峡谷中撤出去。于是,他便和罗马统帅克劳狄乌斯·尼禄交涉并承诺,只要罗马人让他从峡谷中撤走,他就离开西班牙。此后,双方在期限问题上进行激烈的交锋。哈斯德鲁拔使劲地拖延时间,最终争取到了几天时间。在这几天中,他让大部队抄小路离去,这些小路太过狭窄,罗马人没有加以设防。最后,他亲自率领余部从小路逃遁。(公元前211年)

19. 马尔库斯·克拉苏在斯巴达克斯的部队周围挖了一条壕沟。夜里,斯巴达克斯用被他屠杀的俘虏和牲畜的尸体填满壕沟,越沟而去。(公元前71年)

20. 还是这个斯巴达克斯。有一次,他和他的部下被围困在维苏威山的山坡上。由于这座山的一侧非常陡峭,所以敌人在这个方向的防守比较松懈。于是,他就下令士兵用柳条搓成许多绳索。靠着这些绳索，他们死里逃生。而且，他们突然出现在另一侧，引发了克洛狄乌斯的部队恐慌，以至于几个步兵大队竟然败在了74名角斗士手下。（公元前73年）

21.还是这个斯巴达克斯。当在和普布柳斯·瓦里尼乌斯总督作战被包围时，他下令士兵在营帐门前竖了许多桩子，桩子间的间隔不大。然后，他让士兵们将穿好衣服、手持武器的尸体靠在桩子上，绑得结结实实的。从远处看，就是活生生的哨兵。他还要求士兵们在营帐里燃起火把。通过这种假象，斯巴达克斯骗过了敌人，带着队伍趁着寂静的夜晚脱离险境。（公元前73年）

22.在安菲波利斯附近，斯巴达将军布拉西达斯突然与人多势众的雅典军队遭遇。对此，他没有立即逃跑，而是让敌人将自己包围起来，以便拉长敌人的包围线，减少敌军的部署密度。最后，他从敌人防线最薄弱处突围而去。（公元前424年或公元前422年）

23.在色雷斯作战时，伊菲克拉特斯曾将队伍驻扎在低处。通过侦察，他发现敌人已经攻占了附近的一座小山，从这座山下来，敌人可以居高临下冲杀他的部队。为此，他命令一小部分人夜间留在营内，并让他们多点些火把，而他自己则亲率主力，埋伏在那条道路的两旁。他们放过了异邦人。这样一来，原先他所处的不利地形便转到敌人那里去。他派出小部分兵力去捣毁敌军的后方辎重，又派出部队去攻占敌人的营地。（公元前389年）

24.为了欺骗西徐亚人，大流士在撤离时将狗和驴子留在营地上。敌人听到狗和驴子的叫声，还以为大流士依旧停留在那里呢！（公元前513年）

25.为了迷惑罗马将士，利古里亚人在不同的地方用笼头将公牛拴在树上。这些公牛因为被分开了，便不停地乱叫。这种叫声让人觉得利古里亚人依旧在原地驻留。

26.在汉诺遭到敌人包围时，他命令士兵们在最适宜于突围的地点堆放许多易燃物，并将其点燃。敌人看到后，便抽调兵力加强其他阵地，结果，汉诺立马率领将士用盾遮挡脸面，用衣服保护好腿部，直接从火堆上突围出去。

27.有一次，汉尼拔遭遇困境：险恶的地形、给养不足以及费边·马克西穆斯的紧追不舍。这个时候，他下令士兵们将一捆捆柴火绑在公牛的牛角上。到了夜晚，他让士兵们将绑在公牛牛角上的柴火点燃，让公牛冲出去。由于公牛的狂奔所煽起来的风让火焰四处蔓延，那些公牛在山上四处乱窜，将整个场地照得通亮。罗马人觉得很奇怪便都赶过来观看。刚开始，他们认为出现了奇迹。后来，在侦察兵如实禀报情况后，费边担心遭到敌军埋伏，就严令部下不得离开营地。最后，汉尼拔未经任何阻挡便扬长而去。（公元前217年）

行军途中设伏和遭埋伏

1.福尔维乌斯·诺比利奥率领部队从萨谟奈赶往卢卡尼亚，在路上，他听逃兵说，敌人准备袭击他的后卫。于是，他便下令，让最骁勇善战的军团走在前面，辎重等跟在后面。敌人以为，这是天赐良机，便哄抢这些辎重。但是，这个时候，福尔维乌斯早已从军团里抽调5个大队埋伏在大路的右侧，抽调5个大队埋伏在大路的左侧。在敌人专心于抢夺辎重的时候，福尔维乌斯从两侧展开他的军队,将敌人歼灭。

2.还是这个诺比利奥,有一次,正当行军时,敌军突然从背后逼近。诺比利奥查看地图,发现行军路线上有一条河流,这条河流不大也不小。说它不大是因为它还没有达到让部队无法横渡的程度;说它不小是因为它足以迟滞部队行动的速度。诺比利奥在河流一侧部署一个军团,并让这个军团隐蔽起来,以便给敌人造成部队不多的假象。打消疑虑后,敌人便轻率行军。在这个时候,早已经隐蔽待命的军团立刻向敌人发起攻击,一举将敌人歼灭。

3.伊菲克拉特斯统率部队在色雷斯行军,由于地形特点,队伍拉得很长。在得知敌人准备袭击他的后卫后,他立即抽调几个大队向两侧散开,停止前进,其他部队则加快行军速度,做出逃跑的样子。但是,在全队走过后,他便将所有最骁勇善战的士兵留了下来。而敌人则忙于抢夺辎重,实际上已经筋疲力尽,他的部队则精力充沛,士气如虹,很快他们发动了反攻,不但击溃了敌军,而且还俘虏了敌人,得到了战利品。(公元前389年)

4.在罗马人准备通过利塔那森林时,波希人则从树根上把树砍断,但是他们没有将树全部砍断,而是让树晃悠悠地勉强地立在那里,但是很显然,只要一推,树很快会倒下来。随后,波希人就隐藏到林子深处,等待罗马人的到来。罗马人一进入森林,他们便推倒近处的林木,这样一来,远处的树木也会跟着倒下来。波希人就是通过这种方法,给罗马人带来了巨大的伤亡。(公元前216年)

如何掩饰物资匮乏或何以补足

1.卢奇乌斯·凯西柳斯·梅特卢斯想将大象运过西西里海峡，但是他缺少船只。最后，他将土制的大罐子捆绑在一起，用厚厚的板子铺在上面，将象装上运过了西西里海峡。（公元前250年）

2.有一次，汉尼拔没有办法让大象涉水渡过一条很深很深的大河。当时，他手上既没有船只，也没有任何扎缚筏子的材料。思来想去后，他下令部下刺伤最为凶猛的大象的耳朵，然后游泳过河逃走。被刺杀的大象愤怒万分，它拼命追赶刺伤它的那个人，结果一气之下，也游过了那条河。后来，其他大象也学着这只大象渡过河去。（公元前218年）

3.迦太基的舰队司令官准备将他的舰队装备起来，但是没有金雀花，他们就剪下妇女们的长发，用来搓制绳索。（公元前146年）

4.马西利亚人和罗得人也都曾这样做过。

5.当马尔库斯·安东尼从穆蒂那逃难时，他把树皮分给兵士作盾用。（公元前43年）

6.斯巴达克斯和他的队伍用柳条包上兽皮作盾。（公元前73年）

7.马其顿国王亚历山大统率大军正沿着阿非利加荒无人烟的沙漠地带行军，他们干渴难耐。这个时候，一个士兵递给他一点用头盔盛着的水。面对这来之不易的水，亚历山大当着众人的面将水撒到地上。他的这个做法对将士们起到了关键作用。（公元前332年—公元前331年）

分散敌人精力

1.克利俄雷努斯曾被判有罪，为了报仇雪恨，他发动了战争。他不让将士糟蹋贵族的土地，却命令将士烧毁和蹂躏平民的土地。如此一来，罗马平民和贵族之间的关系遭到破坏。（公元前489年）

2.跟费边相比，不管是品格上还是在将才上，汉尼拔都无法与之相比。为了诋毁费边的声誉，汉尼拔命令将士将其他人的东西洗劫一空，唯独保留费边的土地。为此，费边决定将自己的财产所有权转归国家所有。如此一来，他挽救了受臣民猜疑而下降的声誉。（公元前217年）

3.在费边·马克西穆斯第五任执政官任上，由高卢人、翁布里亚人、伊特鲁里亚人和萨谟奈人组成的联军侵犯罗马。面对敌人，费边从容淡定。首先，他抽调部队到亚平宁山麓森蒂努姆一带驻守，抗击敌军。其次，他写信给福尔维乌斯和波斯图米乌斯，当时这两个人正在保卫城邦。费边要求他们立即率军向克鲁西乌姆运动。在两名指挥官统率大军往克鲁西乌姆运动时，伊特鲁里亚人和翁布里亚人便撤兵回去保卫自己的家园。最后，费边和德奇乌斯统率大军将高卢人和萨谟奈人击败。（公元前295年）

4.萨宾人组建了一支大军，离开本土，直奔罗马人的国土。马尼乌斯·库留斯派出一支部队，秘密入侵萨宾人的国土，并四处放火烧掉他们的村庄。为了保卫家乡，萨宾人只好撤兵。不过，这个时候，库留斯早已劫掠了没有任何防守力量的萨宾人的国土，而且未经战斗逼退了敌军，并将其各个击破。（公元前290年）

5.有一次,提图斯·狄第乌斯因为兵力不足而对战争毫无信心,但是他依旧率部作战,他希望前来增援的军团尽快赶来。听说敌人准备袭击援军,他便将将士们聚集起来,一方面要他们严阵以待,一方面却故意让人放松对俘虏的监视。结果,有的俘虏逃跑了,他们向那边的人报告说,敌方正在严阵以待。为了防止在战斗中削弱兵力,敌人将派去伏击援军的部队抽调回来。如此一来,狄第乌斯的增援部队没有受到任何阻碍便安全地抵达狄第乌斯的营寨。(公元前98年—公元前93年)

6.布匿战争时期,有几座城市决定背叛罗马帝国,投靠迦太基。但是,这几座城市的人们希望在反叛之前将派往罗马帝国做人质的人救回来。为此,他们决定在邻居中间上演一出"骚乱"的好戏。如此一来,罗马当局一定会派要员前来镇压。果然,罗马派出了要员。不过,这些要员一到这些城市,这几座城市的人便将他们作为人质扣押起来并提出条件:除非罗马当局将这些城市的人质放回,否则他们不会释放这些要员。

7.迦太基战败后,国王安条克把汉尼拔保护起来。他想利用汉尼拔的才能来反对罗马帝国。汉尼拔作战机敏,颇有见地,他跟国王相处得非常和谐,国王认为汉尼拔是一个可堪重用的人才。但是,罗马帝国派出的使者前来勤见安条克时,也常常拜访汉尼拔。如此一来,国王便对汉尼拔产生了怀疑。(公元前192年)

8.昆图斯·梅特卢斯和朱古达打仗。他收买敌人派到他这里来的使臣,希望能够将国王牢牢控制在自己手里。在另一批使臣前来时,他如法炮制。第三批使臣到来时,他也这样做了。不过,他这样做,效果并不大。因为,他所期望的是活抓朱古达。可是,正在他卖力地做这件事情时,他给国王的朋友的信件被截获,朱古达立即清理了这些被收买的人。如此一来,梅特卢斯损失了很多谋士,以至于他再也不能取得朋友的信任。(公元前108年)

9.有一次,盖犹斯·恺撒抓到一名运水兵,通过审问,他知道阿弗拉尼乌斯和彼得雷伊乌斯准备在当天夜里撤营离去。为了不让敌人撤退,防止自己的部队发生慌乱,恺撒便在黄昏时发出撤退的信号,并让人赶着骡马,大摇大摆地从敌营跟前经过。敌人看到恺撒撤退,便决定停留在原地。而这正是恺撒所希望的。(公元前49年)

10.一次,有一批补给品和粮食被运往汉尼拔的营地,为了截获这批物资,西庇阿派米努奇乌斯·泰尔莫斯先行,并告知对方他将亲自前去支援。(公元前202年)

11.大批阿非利加人正准备渡海到西西里去,前去攻打锡拉库萨的暴君狄奥尼西。对此,狄奥尼西一边命令部队抢修许多地方的城堡,一边要求距离敌人较近的城市的驻军,一见到敌人逼近过来就开城投降,等到有机会时再秘密潜回锡拉库萨。如此一来,阿非利加人只能留下部分军队驻守在投降的城市。这正是狄奥尼西所希望的,因为这样一来,敌人的军事力量不断被削弱,以至于最终形成了势均力敌的态势。于是,他发动了进攻并取得了胜利,因为他的兵力是集中的,而敌人的兵力却分散在各地。(公元前396年)

12.斯巴达人阿格西劳斯和蒂萨费尼斯作战时,他假装向卡里亚开拔,给人的感觉是,他在山地与以骑兵居优势的敌人周旋更有优势。他将这种想法广而告之,并将蒂萨费尼斯引来卡里亚。但是,阿格西劳斯并没有与敌人交战,相反,他却挥师直奔敌国

的首都所在地吕底亚，击溃了防守薄弱的首都，抢掠了大量的金银财宝。（公元前395年）

平息兵变

1.执政官奥卢斯·曼柳斯收到情报，坎帕尼亚冬营里的兵士正在密谋造反，他们准备杀掉自己的主人，还准备侵占主人财产。对此，他发出消息说，他准备在下个年度前来此地过冬。如此一来，密谋叛逆的兵士便只好推迟计划，而坎帕尼亚则避免了一场劫掠。后来，执政官立即对罪犯进行了惩治。

2.一次，罗马军团的士兵发动兵变，但是卢奇乌斯·苏拉机敏地让狂怒的军队恢复了理智。他下达了这样一道命令：敌人已经逼近，所有士兵抓紧时间备战。很快，战斗号角吹响了。如此一来，兵变在全军将士团结一致中消失了。

3.米兰元老院遭到庞培军队的屠杀。庞培担心，如果他将罪犯一个个叫出来很可能会造成骚乱。于是，他下了一道命令，让那些清白无辜的人站到罪犯们中间去。如此一来，罪犯们不再那么担心，因为他们不容易被挑选出来，也不会担心因为干了坏事被撵走，而那些清白无辜的人则会对罪犯的一举一动更加注意，因为他们担心，一旦罪犯逃跑，他们要承担责任。

4.盖犹斯·恺撒得到消息，他的几个军团企图哗变，甚至还威胁要杀掉统帅。恺撒收起内心的恐惧，直接走到士兵中间，他神情冷酷但依旧同意让那些想退役的人回去。但是，这些人还没有到达退役的时间，他们的忏悔之心就强迫他们向司令官谢罪并

发誓,一定更加忠诚于未来的事业。(公元前47年)

如何遏制不合时宜的求战欲望

1.昆图斯·塞多留根据经验发现,自己的实力肯定无法与罗马大军相抗衡。为了让莽撞的异邦人也知道这一点,他就当着异邦人的面拉出来两匹马,其中一匹异常强壮,另一匹则非常羸弱。然后,他又找出两个年轻人,其中一个壮实,另一个瘦小。

他要求那个身强体壮的年轻人拔下那匹瘦小的马的整条尾巴,而让那个身材瘦弱的小伙子将那匹强壮的马的尾巴毛一根一根地拔下来。在瘦小的小伙子完成任务时,那个身强体壮的小伙子依旧没能够将那匹瘦小的马的尾巴拔下来。于是,塞多留便这样告诉大家:"通过这个实例,我想告诉大家,谁将罗马军队当成一个整体去攻打,那么肯定是惨败而归,但是谁若是挨个地方去攻击敌人,那么这支军队就会被分割、被击垮。"(公元前80年—公元前72年)

2.还是这位塞多留,他发现,他的部属都迫不及待地想要参加战斗。他担心,将士们的渴望极为强烈,如果再不有所行动,他们会违抗军令。于是,他同意派出一支骑兵前去骚扰敌军。

很快,这支骑兵陷入了敌人的重重包围。这个时候,塞多留便派出另外一支部队前去救援。最终,骑兵和援兵都脱险,安全回到驻地。随后,塞多留告诉大家:如果按照大家的意见去办事情,结局可能会很糟糕。此后,他发现将士们顺从多了。(公元前80年—公元前72年)

3.斯巴达人阿格西劳斯将部队部署在河岸边，与底比斯人作战。作战中，他发现，敌人兵力雄厚，一旦开战，于己不利。他决定遏制部下的求战欲望。于是，他告诉将士们：上帝已给他下达旨意，想要作战一定要登上高地。所以，他在河岸边留下一小部分兵力，而自己亲率主力登山。底比斯人以为这是斯巴达人畏怯，便渡河过来，攻打留守的斯巴达人，并将他们驱逐出营地，并紧接着猛攻斯巴达人的其他部队，但是，由于受地形因素的影响，他们被斯巴达人击败。（公元前369年）

4.虽然达西亚人的首领斯科里洛知道，罗马帝国因为内战而分崩离析，但是，他并不认为罗马帝国已经奄奄一息，不堪一击。因为，外族的入侵足以让罗马帝国团结一致。但是，他的下属们却没有看到这点。于是，他召集众人，放出两条狗，这两条狗拼命撕咬对方。他又放出一头狼。结果，两只狗立刻停止撕咬，直奔那头狼。他用这个实例制止了异邦人之间的一次只会对罗马人有利的行动。

如何激励军队的作战热情

1.执政官马尔库斯·费边和格奈乌斯·曼柳斯与伊特鲁里亚人交战。但是，士兵们拒绝出战。对此，两位执政官便假装是自己在拖延战事。后来，士兵们因为忍受不了敌人的恶意辱骂而要求出战，他们发誓，不打败敌人，决不罢休。（公元前480年）

2.福尔维乌斯·诺比利奥遇到问题了：他只能以少数兵力和占有数量优势的萨谟奈人作战，而且萨谟奈人的增援部队正源源不断地赶来。对此，诺比利奥诈称，他已经收买了敌人的一个军团，对方准备投降。为了加强这个说法的可信度，他要求军团司令官、高级百人队队长和百人队队长把他们所积攒的钱、金子和银子都拿出来，以支付给那个投诚的军团。他承诺，等到胜利后，那些将钱拿出来的人将得到更多的报酬。果然，罗马将士信心倍增，他们立即投入战斗，并获得了最终的胜利。

3.盖犹斯·恺撒准备和日耳曼人及其国王阿廖维斯图斯作战，但是他的部下斗志不高。为此，他召集全军将士，当众宣布，开战那天，他将委派第10军团单独去作战。结果，第10军团因为受到统帅的重视而斗志昂扬，而其他军团则因为想到能征善战的美名被人夺走而倍感耻辱。（公元前58年）

4.昆图斯·费边·马克西穆斯非常清楚：罗马人因为遭到侮辱而全民斗志昂扬；迦太基人并不是公正无私的。他派使者到迦太基人那里寻求媾和，但是，当使者带回迦太基人充满不公正和傲慢的信息时，罗马军队要求与之决一死战。（公元前217年—公元前203年）

5.斯巴达统帅阿格西劳斯率部驻扎在同盟城邦奥尔霍迈诺斯附近。在得知许多将士将其贵重物品都存放在城堡里后，他下令市民们不许将贵重物品还给他的部属，如此一来，士兵们就更加英勇，因为他们知道，他们必须保护这座城市，才能够保护自己的财产。

6.底比斯大将伊巴密浓达准备同斯巴达人交战时，为了提高将士们的斗志，他便将部队聚集起来，然后告诉他们：斯巴达人准备在战争结束后斩杀所有的底比斯男人，将底比斯的女人和孩子抓去当奴隶，而且要将整个底比斯化为灰烬。底比斯人听后，

群情激奋,呼声震天。在第一次交战时,他们就打败了敌人。(公元前371年)

7.斯巴达海军将领莱奥提基德斯决定在盟军得胜那一天打一场海战。虽然他并不知道具体情况,但是他依旧告诉将士们,他已经得到己方获胜的消息。结果,他的部下在与敌人交战时更加勇猛。(公元前479年)

8.奥卢斯·波斯图米乌斯在与拉丁人交战时,他的部队士气非常低落。这个时候来了两个骑马的青年。波斯图米乌斯立即大肆宣称,这两个陌生人便是卡斯托耳和帕勒克斯[1]。结果,将士们斗志昂扬。(公元前496年)

9.斯巴达人阿尔基达穆斯正与阿卡迪亚人作战。阿尔基达穆斯下令部队留在营里。但是,他又下了命令,让部分士兵在夜间骑着马围绕营帐奔跑。第二天凌晨,他指着马的脚印说卡斯托耳和帕勒克斯已经穿过营地前去,最终,他让部下们相信,这些神灵会在战斗中站在他们这一边。(公元前467年)

10.一次,希腊名将伯里克利在准备积蓄力量作战时,突然发现一片丛林,透过这片丛林里,他可以看到双方的军队。这片森林浓密而昏暗,被认为是普路托的圣地,没有人去占领。伯里克利灵机一动,他找来一名身材高大的部下,命令他穿上高统靴子、深红色的长袍,把一头长发披散开来,躲进丛林中去。在森林里,此人坐上了一辆高高的用几头耀眼的白马拉着的战车。他接受命令,一旦伯里克利发出作战信号,他就要驾车前行,口中叫着伯里克利的名字,同时勉励伯里克利:诸神都来援助雅典人

---

[1]卡斯托耳和帕勒克斯是希腊神话中的一对孪生英雄。

了。结果，敌人尚未投掷一枪一镖就仓皇逃去。

11.卢奇乌斯·苏拉为了让全军将士做好更加充分的战斗准备，便让人装作诸神，预告己方能够获得胜利。在正式开战前，他在全军将士面前对着一尊小小的神像祈祷。他说，这尊神像是他从德尔斐请来的，他祈求诸神尽早实现对他承诺的必胜的诺言。

12.盖犹斯·马略出征时总是带着一名叙利亚女巫。他常常假托这名女巫之口预卜战斗的结局。

13.昆图斯·塞多留雇用了一支智商不高的异族部队，他在卢西塔尼亚时，总是带着一头美丽的白鹿。他时常对人说，这头白鹿很神奇，能告诉他能够做什么，什么是要尽量避免做的。通过这个办法，他让异邦人深信，他的所有指令都是由上天授意的。这类谋略不但能用在我们认为那些头脑简单的人身上，更多的情况是需要假借神灵来替我们虚构某些计谋。

14.有一次，马其顿国王亚历山大要祭祀，他事先将拟好的文字写在占卜者的手上，而占卜者则寻找机会将文字烙在祭品上。这些文字的意思是：亚历山大将获得胜利。在这些字体烙在热气腾腾的供品上，并被传遍全军后，全军将士呼声一片，因为他们确信诸神已经站在了自己这一边。

15.当欧迈尼斯准备与高卢人开战时，占卜师苏迪内斯也曾进行过上述同样的活动。

16.底比斯人伊巴密浓达在与斯巴达人作战中，觉得有必要通过宗教情感来提高士气。他命令将士们将武器搬运出来，并把它们和跟神殿里的饰品绑在一起，随后，他跟将士们说，诸神将会和他们一起，并在战斗中为他们提供帮助。（公元前371年）

17.斯巴达人阿格西劳斯有一次抓获了一些波斯人，当他们穿戴整齐出现在众人面前时，的确让人发怵。为了稳定军心，阿格西劳斯让将士们剥掉他们的衣服，让他们赤身裸体地站在士兵们面前，好让他们那松弛的、白白的躯体引起大家的蔑视。（公元前395年）

18.锡拉库萨暴君革隆对迦太基人发动攻击，并俘获到许多俘虏。他将那些最为矮小、主要来自于辅助部队的、长得非常粗黑的俘虏召集起来，让他们在将士们面前脱光衣服。他这样做的目的是让他的部下相信他们的敌人是极为卑贱的。（公元前480年）

19.波斯国王居鲁士极力想提高将士的士气，他命令他的部队到森林里去砍伐树木，他们整整干了一天。第二天，居鲁士又大肆宴请将士。席间，他问道："这两天的生活，你们更喜欢哪一种？"将士们立刻回答他们极度喜欢宴请的日子，于是，居鲁士便说道："但是，将士们，我们都知道，只有经过前一天的辛勤劳动，才有后来的甘甜生活。这也就是说，如果你们不能征服米底人，你们就谈不上自由和幸福。"就这样，居鲁士激起了部队的作战欲望。（公元前558年）

20.在与米特拉达梯的大将阿尔凯劳斯作战时，卢奇乌斯·苏拉发现他的部队斗志消沉，无意在比雷埃夫斯作战。于是，他将部队拉到一个地方去干让人难以忍受的又脏又累活，直到他们再也忍受不了，主动请求作战为止。（公元前86年）

21.费边·马克西穆斯担心部队会过分依赖船只，害怕他们认为还有退路而不会全力以赴地战斗，于是，他下令在战斗开始之前把所有船只付诸一炬。

如何消除因不利的先兆在士兵中产生的恐惧心理

1.西庇阿把部队从意大利运送到阿非利加。在他登岸时,不小心被绊倒在地。当他注意到士兵们因为他的这一举动而面生恐惧之色时,他便高声说道:"祝贺我吧,我的部下!我已经重重地撞击了阿非利加。"通过坚定和自信,他使众人的担心变成一股鼓舞士气的力量。(公元前204年)

2.盖犹斯·恺撒正准备登船,突然间跌倒在地。他大声说道:"大地母亲,我要紧紧地抓住你。"通过这样的解释,他让将士们认为,他命中注定要再度回到这块土地。

3.在执政官提比略·森普罗尼乌斯·格拉古正列阵与皮森特人交战时,地震让双方将士震惊不已。就在这个时候,格拉古便派出新的力量,并鼓励全军将士对敌人发起了猛烈攻击,而对方却被地震吓坏了。如此一来,他将他们击败了。

4.由于意外事件,塞多留的骑兵的盾面上和他们坐骑的胸脯上都有血迹。对此,塞多留说,这说明我们将获得胜利,因为盾面和马的胸脯往往是沾满敌人鲜血的地方。

5.底比斯人伊巴密浓达的部队士气低落,因为突然刮起的一阵风将他长矛上的飘带刮走,并吹到了一个斯巴达人的坟头上。对此,伊巴密浓达说:"将士们,别担心,你看那是斯巴达人灭亡的征兆。我们都知道,除了给人送葬,坟墓一般是不用装饰的。"(公元前371年)

6.一天夜里,一颗流星从天空中划过,伊巴密浓达的部队诧异不已。这个时候,伊巴密浓达说道:"这是神灵从天上给我们的一道胜利之光。"

7.有一次，在准备与斯巴达人开战时，伊巴密浓达坐着的那把椅子突然坏了。他的士兵们看见后便窃窃私语，认为这肯定不是好兆头，不过，伊巴密浓达却大声说："没什么，这是说我们不能光坐着等待时机呀。"

8.盖犹斯·苏尔皮奇乌斯·加卢斯不但告诉将士们将要出现月食现象，以便将士们不会因为看到异象就恐慌不已，而且他还跟将士们讲明白发生月食现象的起因和原理。（公元前168年）

9.当锡拉库萨人阿加索克利斯与迦太基人作战时，他的部队因为在战斗前碰到了类似月食的现象而处于深深的恐慌之中。他们将这样的现象当成怪物临头的征兆。为此，阿加索克利斯便给将士们讲明白这类现象出现的原因，并说明这种现象不过是自然现象罢了，和上阵杀敌没有任何关系。（公元前310年）

10.当雷电在伯里克利的军营上空震响时，希腊士兵惊恐万分。伯里克利便将士兵们召集到一起，然后在将士们面前取两块石头相撞击以产生火花。他告诉大家，雷电就是两块云在空中相碰撞而产生的现象。如此一来，希腊士兵消除了恐惧心理。

11.雅典人提谟修斯正准备与克基拉人打一场海战。可是，在他的舰队刚起锚要出航时，他的舵手却突然间发出撤离的信号，理由是他听到了一名桨手的喷嚏声。对此，提谟修斯震怒道："看到成千上万的人中有一两个人发冷，你就吃惊了吗？"（公元前375年）

12.雅典人卡布里亚斯准备进行一场海战。这个时候，一道雷电刚好打在他的船头前。见到这种情况，士兵们惊恐不已。

对此，他说："现在才正是开战的好时机，因为诸神之中最强大的朱庇特神已显灵，他的力量已降临我们的舰队。"

卷 二

我认为，我已经在第一卷里提供了足以教诲一个统帅在交战开始之前应当怎样举措的各类实例。现在，在本卷，我将列举有关交战之中我们通常该做些什么，及至其后，也就是有关交战之后的举措的实例。

　　有关交战之中的实例之概类如下：

　　第一，选择交战时机；

　　第二，选择交战地点；

　　第三，交战之兵力部署；

　　第四，在敌人队伍中制造混乱；

　　第五，设伏；

　　第六，欲擒故纵，力避出现困兽犹斗之势；

　　第七，不露败绩；

　　第八，倾全力，振士气。

　　尔后，我再将战后活动之概类列举如下：

　　第九，若战斗顺利结局，如何了结未竟之战；

　　第十，见兔顾犬，亡羊补牢；

　　第十一，坚定动摇分子的信心；

第十二，为将者对自己的部队失去信心时为稳住阵脚应做些什么；

第十三，退却。

选择交战时机

1.布匿战争期间，普布柳斯·西庇阿发现迦太基首领哈斯德鲁拔大清早在将士们尚未吃饭前，便将部队集合起来，拉到外面，列好阵势，准备作战。然而西庇阿却让自己的部下隐蔽起来，直到午后1点钟。他要求将士们好生休息，吃好喝好。在迦太基人筋疲力尽、准备返回营地时，西庇阿突然下令部队发动攻击，结果他大获全胜。（公元前206年）

2.梅特卢斯·庇护在西班牙与伊尔图莱乌斯交战。伊尔图莱乌斯在拂晓就将部队集合起来，往梅特卢斯的阵地开进。而梅特卢斯却让将士们待在营帐里，直到中午。那时正是一年中最炎热的季节。后来，当伊尔图莱乌斯的部队因为在太阳下暴晒，体力逐渐不支时，梅特卢斯发动了进攻，并轻而易举地击败了敌人。（公元前76年）

3.还是那个梅特卢斯，在西班牙跟反塞多留的庞培大军会师之后，一再向敌人提出挑战。不过，对方并不应战，而是老挂免战牌。因为对方认为自己没有足够的力量和两支部队相抗衡。过了一段时间，梅特卢斯发现塞多留的部队斗志高昂，一个个生龙活虎，摩拳擦掌，准备作战。对此，他认为，要避其锋芒，于是将队伍撤走了，并还敦促庞培也把队伍撤走。

4.执政官波斯图米乌斯在西西里的营地离迦太基人只有3里地。迦太基人的指挥官每天都带领将士们将战线往罗马人的防御工事推进。对此,波斯图米乌斯没有采取大的行动,而是每次派出一支小分队前去抵御。时间一久,迦太基指挥官便适应了这样的节奏。然而,波斯图米乌斯却暗地里让其余将士在城堡里做好作战准备,与此同时,让一支小分队前去防御,并将敌军死死拖住。午后,敌人开始往回撤,他们早已疲惫不堪,士气低落,这个时候,波斯图米乌斯率领他的精锐兵力把窘境中的敌人打得落花流水。(公元前262年)

5.雅典人伊菲克拉特斯收到情报:敌人总是在同一时间用餐。于是,他命令部队提早一小时开饭,然后便率领他们出战。在敌人赶来时,他便将敌人拦截下来,让对方陷入既无法作战,也无法离去的困境。天接近黄昏时,他又率领部队往回撤,不过,他要求全军将士马备鞍、刀出鞘,做好随时出战的准备。

这个时候,敌人却因为长时间对峙,体力消耗过度而困顿不堪,他们都着急回去吃饭和休息。然而,在他们忙着休息和吃饭的时候,伊菲克拉特斯率部杀气腾腾地赶来。

6.还是那个伊菲克拉特斯,有一次,他将营地驻扎在离拉西第梦人很近的地方。结果双方经常在同一时间前去搜集饲料和燃料。有一天,他找来一些奴隶和随军商贩,穿上军装前去搜集饲料和燃料,而命令将士们都留在营房里。后来,敌人也跟往常一样,四散去搜集饲料和燃料。见到战机到来,伊菲克拉特斯便率部突袭敌营。在敌人背着各种饲料和燃料,赤手空拳地往回赶的时候,伊菲克拉特斯轻而易举地将敌击毙或俘虏了。(公元前393年—公元前392年)

7.在同沃尔斯奇人作战中,执政官韦尔吉尼乌斯发现远处有敌人飞驰而来。对此,他严令部队保持队形严整,手持梭镖,原地休息。后来,在他发现敌军气喘吁吁的情况后,他立即率部发动攻击,将敌人击溃。(公元前494年)

8.费边·马克西穆斯深知,高卢人和萨谟奈人的作战意志在交战初期最为强大,而自己部队的作战意志往往要在持久战中才能表现出来。于是,他下令部队在交战初期一定要顶住敌人的进攻,尽量拖延作战时间,直到将敌人拖垮。得手后,他增援先头部队,用全部兵力实施攻击,击溃敌人。(公元前295年)

9.在海罗尼亚,腓力注意到自己的将士都是经过长期训练的,而雅典人尽管凶悍,但是却缺少训练,只是在进攻时还有股猛劲。为此,他故意拖延交战时间。结果,没多久,雅典人便精疲力竭,这个时候,腓力发起猛烈攻击,将他们打得一败涂地。(公元前338年)

10.斯巴达人得到消息说,美塞尼亚人突然发怒,带着妻儿们一起参战,因此而延迟了应战的时间。

11.内战时,有一次盖犹斯·恺撒包围了阿弗拉尼乌斯和彼得雷伊乌斯的军队,并切断了对方的水源。为了生存,阿弗拉尼乌斯和彼得雷伊乌斯率部杀死了所有的驮兽,投入战斗。

对此,恺撒不让士兵出战,他认为,不能与因愤怒和绝望而变得狂暴的敌人交战。(公元前49年)

12.格奈乌斯·庞培想要阻止米特拉达梯逃跑,并强迫他应战。他准备在夜间发动进攻,以便切断敌人的退路。于是,在他做好作战准备后,便迫使敌军交战。此外,他还让对方面对月亮进行作战,使其难以看清情况,而他自己的军队则能把敌人看得

一清二楚。（公元前66年）

13.朱古达深知罗马人英勇善战，所以他总是在近黄昏时才出战。如此一来，一旦他的军队打不过，便可以在夜幕的掩护下潜遁而去。这种情况，很多人都知道。（公元前111年—公元前106年）

14.在大亚美尼亚的提格兰诺塞尔塔，卢库卢斯对米特拉达梯和提格兰作战，不过，他的兵力不超过1.5万人，而敌人的军队则不计其数。不过，也因为这点，敌人的行动极为缓慢。于是，卢库卢斯便利用敌人的这一弱点，向尚未编好队形的敌人发动进攻，一下子把他们打得溃不成军，以至于他们的国王也扔下他的权杖、王袍，逃命去了。（公元前69年）

15.蒂贝留斯·尼禄在和潘诺尼亚人作战时，遇见了一大早就列队上阵的、凶悍能战的蛮夷。他严令将士原地待命，这一天，不仅有雾，还阵雨不断。敌人在雨中挨淋。后来，当他发现敌军困顿不堪、软弱无力时，他便率部对敌发动进攻，并一举获胜。（公元前12年—公元前10年，或公元前6年—公元前9年）

16.盖犹斯·恺撒在高卢时收到消息，日耳曼人的国王阿廖维斯图斯定下一条规则：月亏时节不开战。于是，恺撒便专门挑这样的日子出征，最终打败了敌军。（公元前58年）

17.神话人物奥古斯都·韦斯巴芗选择在安息日进攻犹太教徒（犹太人认为在这一天干任何大事情都是有罪的），奥古斯都就这样打败了犹太人。（公元70年）

18.斯巴达人来山得在埃戈斯波塔米附近与雅典人交战时，总是在固定的时间里攻击雅典人的舰船，然后把自己的舰队调开。雅典人发现这种规律后，便等到来山得的舰队撤退后，开始散开。不过，有一次，来山得在攻击雅典人的舰队后，又照例将舰队调回。不过，当他看到大部分雅典舰队按照以往的习惯分开后，他便命令舰队发动攻击，最终俘获了对方的所有舰只。（公元前405年）

选择交战地点

1.马尼乌斯·库留斯发现以展开的队形抗击国王皮洛士的方阵不会有效果后，便想尽办法在狭窄的地形上打一仗，因为狭窄地形不利于密集的方阵展开战斗。（公元前281年—公元前275年）

2.格奈乌斯·庞培率部在卡帕多西亚的一块高地扎下营寨。因为高地有利于部队实施冲击，结果他那居高临下、势不可挡的冲击使他轻而易举地打败了米特拉达梯。（公元前66年）

3.盖犹斯·恺撒准备与法尔纳切斯（米特拉达梯之子）作战，他将军队部署在山丘上。结果他很快就获得了胜利，因为把标枪从高处投向从低处往上冲来的蛮夷就让对方知难而退了。（公元前47年）

4.卢库卢斯为了准备与米特拉达梯和提格兰在大亚美尼亚的提格兰诺塞尔塔交战，他便瞅准机会，率领小分队攻占近处山丘上平坦的顶部。从该地，他能居高临下冲击部署在山底下的敌军，并从侧翼攻击敌骑兵。敌军的骑兵队伍掉转马头，却冲击了己方步兵。这个时候，卢库卢斯便率部追击敌军，并赢得了显赫无比的胜利。（公元前69年）

5.在与安息人作战时，文蒂迪乌斯从来不会在距离敌人500步开外的地方将部队拉出去。因为在500步之内出击，他能够迅速前进,和敌人在较近的地段交锋,如此一来,他可以躲开敌人从远处投射过来的箭镞。由于他用这种战法表明他有相当的自信心,他很快就打败了敌人。(公元前38年)

6.汉尼拔有意与马尔切卢斯在努米斯特罗交战,但是,他将队伍部署在侧翼有山谷和险路掩护的地方。如此一来,他凭借地形的有利特点,打败了一位最有声望的统帅。(公元前210年)

7.在坎尼,汉尼拔发现清晨从沃尔图诺河吹来的风跟从别的河上吹来的风是不一样的——从沃尔图诺河吹来的风裹着沙粒和尘土。于是,在作战时,他将部队部署在背向风沙的地方。开战后,罗马大军由于正对风沙,结果队形大乱。借此,汉尼拔赢得了重大的胜利。(公元前216年)

8.当马略确定与辛布里人和条顿人作战的日期后,便下令士兵吃饱喝足,然后,他统率大军到他的营地的正前方去,如此一来,他便迫使敌军走更远的路,耗费更多的精力。此外,在敌人精疲力竭时,他还利用部署的作战线迫使敌人面向风口,受风尘袭击。(公元前101年)

9.斯巴达人克莱奥梅尼斯在与雅典人希庇亚斯的战斗中发现,雅典人的骑兵更具优势。于是,他下令将士们砍倒许多大树,横七竖八地胡乱摆放在战场上,如此一来,雅典人的骑兵就没法施展其威力了。(公元前510年)

10.在阿非利加的伊比利亚人,有一次和大批敌军遭遇,他们担心会被敌军团团围住,便选择靠近流经那里的一条两岸陡峭的河边。这样一来,他们利用河流加固了侧背,然后集中兵力从正面逐次攻击那些距离他们最近的敌人,并终于击溃了所有的敌人。

11.斯巴达人克桑提普斯只是变换了一下作战地点便彻底改变

布匿战争的结局。当时，他以雇佣兵的身份受雇于陷入绝望之中的迦太基人。他发现，阿非利加人在骑兵和大象方面占有优势，于是，他便率部抢占了山丘，而罗马的优势在步兵，所以他们占据着平原。随后，他将迦太基人带到平地上，然后先以大象为头阵，冲乱了罗马人的阵形。然后，迦太基人派出努米底亚人的骑兵去追击忙于逃命的罗马大军，最终迦太基人击溃了就在这一天之前还称霸于海陆战场上的罗马大军。（公元前255年）

12.底比斯人的首领伊巴密侬达统率部队与斯巴达人作战，他命令骑兵沿着战线正面来回跑动。在满天尘土迷住了敌人的眼睛，让敌人误以为自己会遭到骑兵攻击时，他却统率步兵迂回一侧，居高临下地攻击敌军的后方。就这样，他以突然袭击将敌人粉碎了。（公元前362年）

13.300名斯巴达人踞守着德摩比利山口，抵御不计其数的波斯人。由于这个山口只能容纳一定数量的部队进行格斗，所以，从直接参战人数上讲，斯巴达人和波斯人是相等的。但是，斯巴达人的英勇却超过了敌人，所以，他们歼灭了大量的敌人。如果不是内部出现叛徒，拉奇斯人伊菲阿尔特斯带领敌人迂回到背后，那么斯巴达人根本不会失败，但由于腹背受敌，斯巴达人最终被击败。（公元前480年）

14.雅典人领袖泰米托克利发现如果在萨拉米斯海湾与薛西斯众多的舰船开战将受益多多，但是他没有办法说服他的雅典同僚赞同这一主张。为此，他灵机一动，让蛮夷人迫使希腊人实施有利于己方的计划。他以索要叛徒为由，往薛西斯那里派出一名使者，这名使者告诉薛西斯，希腊人正准备夺路而走，又说如果薛西斯要攻克每个城市，那将是十分困难的。结果，他的这个做法起到了重要作用：第一，他让蛮人不敢懈怠，不得不增加岗哨；第二，次日凌晨他指挥精力充沛的部下攻击因整夜值岗而疲惫不堪的蛮军，并得偿所愿地在一块狭窄的水面上与敌交战，薛西斯根本无法施展他在数量上的优势。（公元前480年）

交战之兵力部署

1.格奈乌斯·西庇阿在西班牙的因迪比尔附近与汉诺作战。他发现迦太基人将西班牙人（为别人而战的身强力壮的战士）配置在作战线的右翼，而作战线左翼的部队是不十分强壮但信念更加坚定的阿非利加人。

对此，他做了如下部署：将左翼部队撤回，而将作战线部署成和敌人斜角对阵，这样一来，他那最强壮的士兵所组成的右翼便可以和敌人作战。由此，他击溃了阿非利加人，在看到阿非利加人四处逃散之后，他很容易令西班牙人缴械投降。（公元前218年）

2.马其顿国王腓力正在与伊利里亚人交战。他发现正面之敌都是骁勇善战的将士，而两翼的兵力却相对较为弱小。为此，他将军中最为强壮的士兵集中到右翼，然后让他们去攻击敌军的左翼。如此一来，他迫使敌军的整个作战线陷于一片混乱，从而大获全胜。（公元前359年）

3.底比斯人帕姆蒙斯在和波斯人作战时发现敌人将最强大的部队部署在作战线的右翼，于是，他如法炮制，将他所有的骑兵和最能征善战的步兵配置在右翼，而在强敌正面只留下最为弱小的部队，他给正面的部队下达命令，一旦遭遇敌人攻击，立即撤退，隐蔽到崎岖难行和树木丛生的地方去。通过弱小的部队消耗敌军主力后，他便率领他的精锐部队包围敌人及其右翼在内的整个列阵，最终打败敌人。（公元前353年）

4.普布柳斯·科尔内柳斯·西庇阿后来又接受了"阿非利加征服者"的称号。

有一次，在西班牙和迦太基首领哈斯德鲁拔作战时，他不厌其烦地每天布阵，将最英勇善战的士兵部署在作战线的正中央。可是，在敌人也摆出这样的阵形时，他却在决战的当天，突然变换阵形，将最为强大的部队部署到侧翼，而作战线正中央则留下轻装兵，并稍稍地往后撤一点。如此一来，他就以新月形的队形，从具优势的侧翼对敌人的最薄弱部分实施攻击，很容易将敌击溃。（公元前206年）

5.梅特卢斯在西班牙击败了伊尔图莱乌斯。他发现伊尔图莱乌斯将最强大的部队都配置在作战线中央，于是将部队的中军往后稍微撤退了一些，以免己方的军队与作战线上的这部分敌人遭遇。等到他的两翼合拢起来，他就可以将敌人的中军包围起来。（公元前76年）

6.阿尔塔·薛西斯在和入侵波斯的希腊人作战中，拥有人数优势，于是，他做了这样的部署：他的战线正面比敌人的宽，便把步兵、骑兵和轻装兵配置在两翼。然后，他故意让中军缓慢推进，并将敌军合围歼灭。（公元前401年）

7.与此相反的是，汉尼拔在坎尼则收缩他的两翼，而让他的中军前突，以求在首次攻击中就击退敌军。随后，在两军交战时，两翼按照指令逐渐呈弧形推进，汉尼拔将脱离两翼保护的敌人包围在作战线内，随后两翼合拢，强迫敌人朝中央奔去，最后，汉尼拔命令由富有作战经验的老兵所组成的队伍攻击敌人，并将敌人消灭。不过，只有经过严格训练并能对各方面做出反应的部队才能实施这种战术。（公元前216年）

8.在第二次布匿战争中，哈斯德鲁拔为了避免和敌军交战，便将部队部署在一座凹凸不平的小山腰上的防护工事里面。不过，李维乌斯·萨利纳托和克劳狄乌斯·尼禄调整了作战部署，将兵力全部抽调到两翼，而让中央空而无兵。他们采用这一措施攻击哈斯德鲁拔，将其击溃。（公元前207年）

9.汉尼拔在屡屡败于克劳狄乌斯·马尔切卢斯之后，决定以这样的方式来部署他的营寨：以山地、沼泽等有利地形为依托，将部队配置得进可攻、退可守。在罗马人取得上风时，他可以将部队安全地撤回大营；而当罗马人后退时，他却掌握主动权，可以发起追击行动。

10.在阿非利加同马尔库斯·阿蒂柳斯·雷古卢斯作战时，斯巴达人克桑提普斯把他的轻装兵部署在正面，而将部队主力当成预备队。随后，他传出命令，让辅助部队投掷标枪，然后在敌人面前佯装失败，撤回自己的队伍里，然后立刻向两翼四处散开，最后，再从侧翼重新杀回来。如此，在敌人遭到强大主力攻击时，也就处于这些轻装兵的包围之中。（公元前255年）

11.塞多留在西班牙与庞培交战时也曾采用过上述同样的战术。

12.在与卢卡尼亚人作战时，斯巴达人克莱安德里达斯将他的部队排成密集队形，乍一看，感觉这支队伍规模很小。随后，在敌人戒备不严的时候，他便集结部队，调兵遣将，在侧翼包围敌人，最终一举击溃敌军。（公元前443年以后）

13.斯巴达人加斯特龙前去援助埃及人和波斯人作战。加斯特龙认为,希腊士兵更加骁勇善战,更让波斯人胆战心惊。所以,他让两支军队交换武器,并将希腊人部署在第一线。在双方激烈交战、相持不下时,他便命令埃及人出去增援。虽然,波斯人和希腊人(被当作埃及人)打了平手,但是当他们发现,对方又来了一支生力军(被认为是前来增援的希腊人)时,他们便仓皇退去。

14.在阿尔巴尼亚作战时,格奈乌斯·庞培发现,敌人在人数和骑兵方面都占有明显的优势。于是,他下令步兵把头盔藏起来,以免因为反光而暴露部队,并要求他们埋伏于一个峡谷里的小丘后侧。随后,他命令骑兵前往一片平地上,看上去是步兵的屏护。他要求全军将士,一旦敌人出击,骑兵与步兵必须相互配合,骑兵向两翼散开,该动作一旦完成,步兵要立刻反击,亮出他们的阵势,向那些追击而陷入峡谷的敌人猛扑过去,并就此将他们打得溃不成军。(公元前65年)

15.马尔库斯·安东尼与安息人作战,安息人如雨般的乱箭直奔马尔库斯·安东尼的部队。他下令部队停留原地,严阵以待,用龟甲掩蔽全军,结果,箭矢遂在龟甲上方擦过,没有伤及士兵,直到敌军疲乏退去。(公元前36年)

16.在汉尼拔与西庇阿在阿非利加进行战斗时,他的部队里有不少迦太基人,甚至还有意大利人。在排兵布阵上,他在第一线部署了80头大象,用来扰乱敌人的阵脚,而将高卢人、利古里亚人、巴利阿里人和摩尔人的联军部署在大象后面。这样一来,这些将士就没有办法逃跑了,因为在他们之后的是迦太基人。将联军置于前面,虽然无法重创敌人,但起码能够得到使敌人疲惫不堪的效果。他将迦太基人和马其顿人部署在第二线，为的是让他们精力充沛地去同筋疲力尽的罗马人打仗。他将意大利人放在后面，因为他对意大利人不信任，而且担心他们不能全力以赴，因为他们大多数人都是被强迫征召而来的，而不是自愿前来作战的。

对于这一部署，西庇阿将他的军团的精华按剑矛兵、主力兵、后备兵布成三道相互接续的作战线。不过，他没有让每个大部队连成一片，而是在每个独立的中队之间留出一定的距离，以便敌军的大象通过，以免冲乱阵形。他将轻装兵部署在这些空隙之间，以免阵中出现缺口，不过，他下达命令，只要战象一冲阵，他们随时可以向后方和两翼撤离。最后，他将骑兵部署在两翼：命令拉埃柳斯指挥右翼的罗马骑兵，令马西尼萨统领左翼的努米底亚人。很明显，如此精明的兵力部署是获胜的原因。（公元前202年）

17.在同卢奇乌斯·苏拉会战中，阿尔凯劳斯将他的装备有长柄大镰刀的战车部署在第一线，目的是扰乱敌人的阵脚；他将马其顿人的方阵部署在第二线；他将依罗马式样装备的辅助兵加上意大利的逃兵配置在第三线。因为他对这些逃兵的作战意志极不信任。在最后一道作战线上，他部署了轻装兵，两翼则是数量相当可观的骑兵，用以包围敌人。

针对阿尔凯劳斯的阵势，苏拉做了部署：首先，在每个侧翼都构筑了很宽的壕沟，并在壕沟末端构筑坚固的棱堡。他以此来消除被敌军包围的危险，因为敌人在步兵、骑兵的数量方面占有优势。其次，他将步兵分成三道作战线排列开，并在中间留出了一定的距离，一旦有需要，他可以在短时间内将后卫线上的轻装兵和骑兵拉上去。随后，他又让处于第二线上的后排兵将大量的桩子扎进地里，等到战车靠近，他就命令前排士兵隐蔽到桩子中间去。随后，他让机动部队和轻装兵发出震天的喊声，紧接着，士兵们就向敌人投掷标枪。

在战场上，敌人因为遭遇这种战术，不是战车撞到桩子上被绊住，就是车手在一片喧嚣声中丧失了作战意志，他们生怕被标枪击中，便调转车头往回开，结果撞击自己人，搅乱马其顿人的阵容。苏拉看到敌人四处逃跑，便统率大军横冲直撞。阿尔凯劳斯调骑兵前来迎战，可是罗马骑兵突然猛扑过去，把敌人赶了回去。这一战，苏拉大获全胜。（公元前86年）

18.盖犹斯·恺撒采用同样的方法迎战过高卢人的装备有长柄大镰刀的战车。他在地里设置了木桩，阻止了敌人的前进。

19.在阿尔比勒，虽然敌人人多势众，但亚历山大对他的部队的英勇无畏很有把握，所以，他采用四面八方部署作战线，以此来保证，一旦受到包围能做到全线出击。（公元前331年）

20.马其顿国王佩尔修斯将部队编成一个二层方阵，配置在中央位置，每边再配置一定量的轻装兵，骑兵则配置在两翼。对此，保卢斯则做了这样的部署：设置三线楔形队形，在每条线之间不时派出散兵来回游动。在他发现该方法没有办法获胜时，便决定撤兵，通过佯动把敌人引到他事先选定的一个崎岖的地方。然而，敌人看穿了他的退却实是一种计谋，于是，便保持完整的队形尾随跟进。事已至此，他只好下令左翼的骑兵用盾掩护自己全速冲击敌军的方阵，为的是在与敌人短兵相接中用盾去捣毁对方的矛尖。最终，马其顿人失去他们的长矛，乱了阵脚，慌忙逃遁而去。（公元前165年）

21.在保卫阿斯库卢姆附近的他林敦人时，皮洛士按照《荷马史诗》中将最弱的部队部署在中央的说法，将萨谟奈人和伊庇鲁斯人配置在右翼，而将布鲁蒂人、卢卡尼亚人和萨伦特人配置在左翼，将他林敦人部署在中央。骑兵和战象则作为预备队。

对方的执政官却做了这样的部署：他们在两翼部署骑兵，而将军团置于第一线和作预备队，并用辅助部队补充其间。我们知道，双方在这里各有兵力4万人。最后，皮洛士折损大半，罗马方面则仅仅损失5000人。（公元前279年）

22.在古法萨罗与恺撒交战时，格奈乌斯·庞培部署了3道作战线，每道作战线又有10列纵深。他将最为骁勇善战且最忠诚的军团部署在两翼和中央，并用新兵补充战线间隙。在右翼，他派出600名骑兵沿埃尼派夫斯河防守，这个地方由于河床淤积而难以通行。最后，他将其余的骑兵和辅助部队一起部署在左翼，这样他就能从这里包围恺撒的部队。

对此，盖犹斯·恺撒做了这样的部署：他也部署了3道作战线，将他的军团部署在中央，将其左翼靠着沼泽地，避免遭到突然袭击，而将骑兵部署在右翼，他还从步兵中挑选了一批飞毛腿，这些人都曾经学过骑兵作战的严格训练。此外，他还预留了6个大队做战斗预备队，将他们呈斜形地配置在右翼，以便对付敌人的攻击。

很显然，这样的部署对恺撒那一天的胜利起了决定作用，当庞培的骑兵蜂拥而来的时候，这几个大队的兵力就立刻反击，将敌人击溃，迫使敌军掉转马头后撤，但是敌军又被其他部队杀得片甲不留。（公元前48年）

23.当卡蒂人屡屡派骑兵来进行骚扰，随后便躲进森林时，恺撒·奥古斯都·日耳曼尼库斯皇帝下达了命令：一旦遇到敌人的辎重队，就应立即下马进行步战。通过这种战术，他确信任何地形方面的困难都不会影响他取得胜利。

24.在盖犹斯·杜埃柳斯得知迦太基人的机动船队躲开他的重型舰船，而他的将士们因为这种情况而士气低落时，他设计了一种铁抓钩。他用这种铁抓钩钩住一艘敌船，随后，他的部下便通过搭在船舷上的跳板冲上甲板，在敌船上展开肉搏战，将敌人杀死。（公元前260年）

在敌人队伍中制造混乱

1.担任执政官的帕皮留斯·小库尔索尔发现，自己已经没有办法在与顽强抵抗的萨谟奈人的交战中取胜。于是，他私下命令斯普留斯·瑙蒂乌斯派遣若干辅助骑兵和马夫骑着尾巴系着长长的树枝的骡子，鼓噪着从对面那座小山上奔驰而下。当然，他并没有将这次行动的目的告诉他的部下。当他一见这些人疾驰而来，便大声喊叫着"我们的友军已经取得了胜利"，然后鼓励将士们在援兵抵达之前，摘取胜利的桂冠。这个时候，罗马将士士气如虹，争先向前冲去，而敌人在看到飞扬的尘土后反而胆怯起来，终于转身逃走了。（公元前293年）

2.在第四任执政官期间，费边·鲁卢斯·马克西穆斯竭尽所能却无法实现在萨谟奈突破敌人战线的企图。后来，他将剑矛兵从列阵中抽调出来，交给副官西庇阿统领，前去实施迂回攻击，他要求他们占领一座山头，从那里可以深入敌后。行动成功后，

罗马人斗志高昂,萨谟奈人则惶恐不已,终于被打败了。(公元前297年)

3.大将米努奇乌斯·鲁福斯受到拥有兵力优势的斯科迪斯奇人和达西亚人的重重逼迫。他派出一支骑兵小分队,带着喇叭到前边的某个地方去,他要求他们一旦听到战斗号角吹起,就要突然从另一个方向出现,而且要吹起喇叭。结果,山谷里到处响起喇叭的回声,敌人以为对方人多势众,便惊恐地逃遁而去。(公元前109年)

4.执政官阿奇留斯·格拉布里奥与安条克国王的军队作战,后者在希腊的德摩比利山口布阵。阿奇留斯·格拉布里奥不但受到不利地形的牵制,而且如果不是波尔奇乌斯·加图加以阻止,他早已惨败而归。虽然加图此时不是执政官,但他在军队中还是士兵的护民官,他担任这个职位是人民选举的。

格拉布里奥派他去进行一次迂回行动,结果,他将守卫卡利德罗米山顶的埃托利人驱赶离开,然后突然从敌人背后出现在俯视着国王营帐的一座山顶上。看到加图突然出现,安条克军中乱成一团。这时,罗马人前后夹击,击败敌人,将敌人打得四处逃散,并夺占了他们的营帐。(公元前191年)

5.执政官盖犹斯·苏尔皮奇乌斯·佩蒂库斯准备跟高卢人打仗。开战前,他找来一些骡夫,让他们悄悄地赶着骡子登上周围的几座小山。他要求他们,在战斗开始后,一定要反复地让全军将士看到他们仿佛都是骑着骏马似的。战斗开始后,罗马军团渐渐处于下方,就在高卢人即将胜利的时候,高卢人看到罗马人源源不断的"援军",最终从罗马人跟前逃走了。(公元前358年)

6.在阿基塞克斯蒂,马略准备在次日和条顿人打一次生死之战。他给马尔切卢斯下达任务：于当夜带领一小队骑兵和步兵深入敌后。

为了造成他派遣了一支大部队的假象，他要求武装的马夫和随营人员也必须随队出征，此外，他还让部队牵着许多配有鞍垫的驮畜，让人感觉这是一支骑兵部队。他给这支部队下达了作战任务：一旦战斗打响，必须从背后袭击敌人。这一计谋给敌人造成了极大的恐慌，以至于虽然他们十分凶猛、善战，但最终还是转身逃跑了。（公元前102年）

7.在反奴隶起义战中，李锡尼·克拉苏打算统率他在卡马拉特鲁姆的队伍攻击高卢人的统领卡斯图斯和坎尼库斯。他命令两名副官盖犹斯·蓬普蒂尼奥和昆图斯·马尔奇乌斯·鲁福斯带着12个大队人马迂回到山后。战斗打响后，这些队伍高声呐喊，从山上向敌人背后直奔而去，敌人震惊不已，以至于他们根本无心恋战，仓皇而逃。（公元前71年）

8.有一次，马尔库斯·马尔切卢斯害怕微弱的喊声会暴露出自己兵力不足的实情，于是，他要求无论是将士，还是随军商贩、雇员及各类随营人员都要大声呐喊。结果，他就这样让敌人误认为碰上了一支大部队而恐慌不已。

9.在与皮洛士的作战中，瓦莱留斯·拉埃维努斯在杀死了一名敌方普通的士兵后，高举起他那把溅满鲜血的剑，结果，皮洛士手下的两支军队都认为皮洛士已阵亡。敌军因此而乱成一团，他们认为统帅已经被击杀，且孤立无助，于是胆战心惊地返回营地去了。（公元前280年）

10.朱古达因为早先和罗马军队有过交往，学会拉丁语，所以，在努米底亚与盖犹斯·马略交战时，他单骑冲到前沿，并高

声宣布，盖犹斯·马略已死在他的刀下。他用这个办法使许多罗马将士逃跑了。（公元前107年）

11. 在一次与底比斯人的作战中，雅典人迈隆尼德斯突然往自己部队的右翼疾奔而去，他一面高声喊道己方部队已经在左翼打胜了。通过这个举动，他激发部下的士气，激起了敌人的恐慌，并赢得了胜利。（公元前457年）

12. 有一次，克罗埃苏斯用一支骆驼军去与兵强马壮的敌人骑兵队伍作战。当这些骆驼军出现在战场时，骆驼奇特的形状，加上驼体散发出来的臭味，让敌军的战马惊恐不已，它们将骑士从马上摔下来，并且踩踏步兵，造成敌人两翼受挫，结果，克罗埃苏斯趁机将其歼灭。（公元前546年）

13. 为了争夺他林敦，伊庇鲁斯国王皮洛士在与罗马人交战时，也曾用战象使罗马军队陷于困境。（公元前280年）

14. 迦太基人也经常使用下面的方法与罗马人作战。有一次，沃尔斯奇人将营帐扎在灌木丛和森林近侧。卡米卢斯则下令部队将火种扔到敌人每一件易燃的东西上，结果一起火，火势迅速蔓延到整个壁垒。通过这个行动，他让敌人失去了营帐。（公元前389年）

15. 普布柳斯·克拉苏险些被对方用上述这种纵火的办法切断他与整个部队的联系。（公元前90年）

16. 在反抗哈米尔卡尔的战争中，西班牙人把公牛系在大车上，车上装满树枝、牛脂和硫黄，将它们放置在阵前。战斗一开始，他们便点燃车上的燃料，然后驱赶着公牛往敌军阵营奔去。结果，敌人的战线乱作一团，顿时被突破了。（公元前229年）

17. 在与罗马人交战中，法利希人和塔尔奎尼亚人让许多人装

扮成祭司，一手执火把，一手抓着一条蛇，活像福利埃降世。结果，罗马军队惊吓不已。（公元前356年）

18.有一回，维爱和菲登埃两地的人们也手持火把干了上述同样的事情。（公元前426年）

19.西徐亚人的国王阿瑟斯正和人多势众的特里巴利人部落打仗。他命令妇女、儿童以及所有平民百姓不但要将驴群和牛群赶到敌军后方去，还要将长矛梭镖竖着运送到作战线前面去。随后，他到处散布流言，说增援部队正从遥远的西徐亚部族赶过来。这样，他吓走了敌人。

设伏

1.罗穆卢斯在临近菲登埃时，暗暗地埋伏下一部分兵力，然后佯作逃跑状。敌人中计，不顾一切前来追赶，罗穆卢斯将他们引向他早已预先埋伏着部队的地方。此时，伏兵四起，猛冲敌军，结果敌人毫无招架之力，最终全部被歼灭。

2.执政官昆图斯·费边·马克西穆斯奉命前去支援苏特里翁人抗击伊特鲁里亚人，他将敌人的兵力都吸引到自己这边来。随后，他假装害怕，将部队撤到一处较高的地方，假装己方部队在溃败。在敌人蜂拥而上时，他便集中兵力发动攻击。在这次战斗中，费边不但在战斗中消灭了敌人，而且还夺占了他们的营地。（公元前310年）

3.森普罗尼乌斯·格拉古在与克尔特伊比利亚人作战时，假装担惊受怕，不准军队出战。后来，他派出一支轻装兵去骚扰敌人,要求他们袭扰一下立刻逃跑,通过这种做法,他将敌人引出来。他在敌人还没有列阵之前先向他们发起攻击。他不但一举全歼敌人,而且夺占了他们的营寨。(公元前179年)

4.在西西里与哈斯德鲁拔作战时,执政官卢奇乌斯·梅特卢斯异常警觉,因为哈斯德鲁拔有一支数量庞大的军队和130头大象。他假装害怕,将其部队撤往帕诺木斯[1],并在阵地前挖了既大又深的壕沟。随后,他仔细观察敌人的军队,发现敌军部署在最前面的是大象。于是,他命令剑矛兵向这群象投掷标枪,然后迅速撤回到他们的防御工事。大象的驭手被激怒,便驱赶大象往前冲,结果都掉进壕沟;一部分大象被箭矢射杀,其他大象则被赶得掉头向己方阵地冲来,以至于哈斯德鲁拔军中乱成一团。这个时候,严阵以待的梅特卢斯率领他的全部兵力从敌人的侧翼攻击迦太基人,并一举将其歼灭,他甚至还俘获了不少大象。(公元前251年)

5.西徐亚女王泰米丽丝和波斯国王居鲁士作战,双方互有胜负。女王假装害怕胆怯,将居鲁士诱骗到一隘路处。这个地方,是她的军队极为熟悉的。于是,在这里,女王突然掉头,利用有利的地形条件发动攻击,打败敌人。(公元前529年)

6.埃及人准备在平原上交战,这平原附近有一块沼泽地。他们用海草将沼泽地覆盖起来。战斗打响后,他们假装溃退,将敌人引进陷阱。由于敌人在一片完全陌生的地方跑得太快,结果陷入沼泽,最终被包围。

7.比里亚托原先是一个土匪,后来变成了克尔特伊比利亚人

---

〔1〕即今之巴勒莫。

的领袖。有一次，他假装躲避罗马骑兵而撤军，将罗马大军引诱到一个到处是深洞的地方。他自己在熟悉的小路上飞奔，而那些罗马人则因为不熟悉地形而陷入困境，最终遭到杀害。（公元前147年—公元前139年）

8.辛布里战争的指挥官福尔维乌斯在离敌人很近的地方安营扎寨。他命令骑兵前去袭扰敌人的工事，在稍事攻击之后即假装撤离。这样的情况连续了好些天，辛布里人每次都紧紧追击。福尔维乌斯发现这时对方的营帐常常没有重兵守护。于是，他就在派出少许部队袭扰敌人的同时，亲自统率轻装兵秘密地在敌人营帐背后埋伏起来。在敌人蜂拥而出后，他立刻率部发动进攻，拆毁了敌人没有护卫的壁垒，夺占了营帐。

9.当兵力远远超过罗马人的法利希人已经在罗马领土上安营扎寨时，福尔维乌斯派人将距离营帐较远处的一些建筑物点燃，让法利希人误认为这是他们的人干的。这个时候，他们便有了自己也应该去那里抢劫一番的想法，于是纷纷离散了。

10.在与伊利里亚人作战时，伊庇鲁斯人亚历山大先派出一支部队埋伏起来，然后，他命令一部分士兵穿上伊利里亚人的服装，去毁坏伊庇鲁斯人的田地。伊利里亚人看到后，四处抢劫。他们以为，前面带路的这些人是他们的侦察兵，于是便更加肆无忌惮。然而，在他们跟随"侦察兵"来到毫无退路的地方后，便被消灭殆尽。

11.在与迦太基人进行战争时，锡拉库萨人莱普廷斯也曾下令，让士兵毁坏他自己的田地，放火焚烧某些房屋和堡垒。结果，迦太基人认为这是自己人干的，便都前来帮忙，于是他们被早已埋伏在旁边的罗马人包围。（公元前397年—公元前396年）

12.迦太基人派马哈尔巴尔去镇压造反的阿非利加人。马哈尔巴尔知道阿非利加人非常喜欢喝葡萄酒。于是,他让人在葡萄酒里掺进了曼德拉草根,这是一种具有麻醉功效的植物。随后,他发动攻击,在经过一番交战后,他便率部退回营寨。深夜,他将辎重和所有掺上麻醉药的葡萄酒都留在营帐里,假装率部撤退,阿非利加人夺得营帐后便贪婪地喝着那些掺了药的葡萄酒。结果,马哈尔巴尔突然杀了个回马枪,那些像死人一样直挺挺地张开四肢躺在那里的阿非利加人,只好被俘虏或者干脆被杀死了事。

13.有一次,汉尼拔知道,不管是他的营地还是罗马人的营地周围都缺乏木材。于是,他故意率部离开,并在离开前在营地里留下许多牲口。罗马人看到这么多战利品后,便欣喜若狂地大吃起来,由于缺少柴火,也就只好吃难以消化的生肉。当天夜里,汉尼拔率部冲杀而来,打败了罗马人。

14.在西班牙时,提比略·格拉古得知敌人因缺乏粮食而挨饿的消息后,便想方设法在他的军营里准备下了一批各式各样的食物,然后率部离开。在攻占营地后,敌人发现这么多食品后,人人都狼吞虎咽地大吃起来。就在这个时候,格拉古带领他的军队回来了,紧接着便将敌人一举消灭。(公元前179年—公元前178年)

15.在与厄立特里亚人作战时,希俄斯人在一块高地上抓到了一名间谍。他们将这个人杀了,然后让自己的士兵穿上那个人的衣服。这个士兵便前往那块高地发信号,将厄立特里亚人引到他们的埋伏圈中来。

16.众所周知,阿拉伯人有一个习惯,即敌人临近时要发信号,白天放烟,夜间生火。有一天,阿拉伯人下达了命令,这个做法要持之以恒地坚持下去，但是，在敌人逼近到跟前时就中止。敌人在靠近时没有发现火光，以为阿拉伯人浑然不觉，便拼命往前冲，结果遭到埋伏，悉数被歼。

17.得知敌人驻扎在一块高地上后，马其顿国王亚历山大便撤走一部分兵力，同时命令留守的部队必须按照全营满员的情况行事，即点燃灯火以此造成他的全部兵力仍在原地的假象。而他则亲率部队穿过人迹罕至的地区迂回到敌后，攻击敌人，把敌人赶出了他们的阵地。（公元前327年）

18.罗得岛的门农在骑兵方面占优势，他想让居高临下的敌人到平地上来。于是，他派出一些士兵，假装投奔敌营的逃兵，并带去消息说门农军内部混乱，人心思乱，不久后，将有其他部队陆续前来投靠。为了让这种说法得到验证，门农下令，要求士兵在敌人可以观察到的地方，构筑一些小据点，看起来好像叛变分子已经撤离这些据点。结果，敌人上当了。处于山上的敌人冲击而下，前来攻击小据点，但是他们很快便被门农的骑兵围困。

19.在战争中，摩罗西人的国王哈里巴斯受到伊利里亚人巴尔迪利斯指挥的规模庞大的军队的攻击。于是，哈里巴斯将部分非战斗人员派到邻近的埃托利亚地区去，并传出消息说，他准备将他的城镇和领地拱手让给埃托利亚人，而他本人则会统率大军前往附近的山头上和其他难以通行的地方设伏。得知消息后，伊利里亚人害怕摩罗西人的领地被埃托利亚人夺走，便火急火燎地往这个地方赶来，以免错过了劫掠。在他们分散开时，哈里巴斯便率军杀出，杀得他们晕头转向，仓皇溃逃。

20.盖犹斯·恺撒的副官提图斯·拉别努斯渴望在日耳曼人来到之前，和高卢人作战。因为他深知，日耳曼人是前来支援高卢人的。他假装丧失信心，让部队驻扎河对岸，并散布消息说，自己明天将要撤离。得知消息后，高卢人便开始横渡这条河流。结果，拉别努斯跟他的部队来了个半渡而击，将敌人消灭。（公元前53年）

21.有一次，汉尼拔得知消息，罗马指挥官福尔维乌斯的营寨构筑得很马虎，而且此人喜欢做无谓的冒险。有天清晨，正好碰着浓雾，汉尼拔便派出小股骑兵前去试探罗马人工事里的状况。果然不出所料，福尔维乌斯立即率军出动。就在这个时候，汉尼拔率军从另一个地方攻击福尔维乌斯的营寨，直捣罗马人的后方。最后，8000名最英勇的士兵连同福尔维乌斯一起阵亡。（公元前210年）

22.还有一次，罗马军内，费边和骑兵统领米努奇乌斯两人发生了分歧。费边想坐等战机，可是米努奇乌斯求战心切，急于出击。而汉尼拔则将他的营寨安扎在敌人的两支军队之间，他派出一部分兵力隐伏在陡峭的悬崖间，而让另一些将士前去占领邻近的小丘，摆出一副要与敌决战的架势。

在米努奇乌斯率领他的部队出击时，汉尼拔却让早已埋伏在旁边的伏兵发动攻击，如果不是费边在这关键时刻赶来相助，米努奇乌斯的部队一定会全军覆没。（公元前217年）

23.隆冬季节，汉尼拔在特雷比亚河边扎营，他和罗马执政官森普罗尼乌斯·隆古斯的营地仅有一河之隔，对于对方营地的情况，双方都能看得一清二楚。汉尼拔命令马戈率领经过精挑细选的部下埋伏起来，然后命令米底亚骑兵赶到森普罗尼乌斯工事前，引诱罗马人出战。与此同时，汉尼拔又让这些部队在第一波攻击后立刻从他们十分熟悉的徒涉场往回撤。罗马人一见敌人逃跑，便前去追击了一阵子努米底亚人，不过，隆古斯挫伤了他的部队的情绪，好像在一个严寒的冬天他叫人空着肚子去徒涉河流的心情一般。就在罗马士兵饥寒交迫的时候，汉尼拔统率大军来攻击他们了。汉尼拔的部队与罗马将士不一样，他们为了执行这次作战任务，已经预先将身子烤得暖暖的，肚子吃得饱饱的，甚至还用油脂擦了身子。而这个时候，马戈也在预定的地点攻击了敌营尾部的罗马人。（公元前218年）

24.在特拉西梅诺湖一带有一条小路蜿蜒于大湖和山脚之间，这条小路一直通往开阔的平地。汉尼拔假装撤走，他走的便是这条小路。

夜晚降临时，他让士兵们在附近山头上的各要点和隘路尽头处安歇。次日破晓时，恰逢有雾，他便前移了他的作战线。而尾随而来的弗拉米尼进了隘口，他一路上都没发现伏兵，直到汉尼拔的大军从正面、侧翼和尾部将他团团包围。最后，罗马大军全军覆没。（公元前217年）

25.在与独裁官尤尼乌斯征战时，汉尼拔将600名骑兵分成几十个小队，命令他们在深夜逐次轮番在敌军周围做不间断的骑行。结果，整整一夜，罗马人都没法安心休息，只能换着班到壁垒上去站岗放哨，对罗马人来说，更为不幸的是，当天夜里还连续不断地下着大雨。所以，第二天清晨，在尤尼乌斯发出撤岗的命令时，汉尼拔统率休息得很好的大军席卷而来，最终夺下了尤尼乌斯的营寨。（公元前216年）

26.斯巴达人用同样的办法沿地峡[1]修筑许多堡垒，用来护卫

---

〔1〕指科林斯地峡。

伯罗奔尼撒半岛。对此，底比斯将军伊巴密浓达派出轻装兵于夜里不间断地袭扰斯巴达人，让敌人没有办法得到休息。次日清早，当他将大军撤回来，斯巴达人随之退下去后，他又突然统率士气如虹的大军径直突破了那些无人守卫的壁垒。（公元前369年）

27.在坎尼之战中，在部署作战线时，汉尼拔命令600名骑兵"叛变"投靠罗马人。为了证明他们的忠诚，这些"叛变"的人将长剑和盾都交给了罗马人，后来他们被遣送到后方去。可是，战斗开始后，他们就拔出原先藏匿起来的短剑，拿起已经阵亡的罗马人的盾牌，将罗马人的军队杀了个措手不及。（公元前216年）

28.亚皮德人假装投降，他们将部族里的一些人交给总督普布柳斯·李锡尼发落。这些人被部署到最后一道作战线上。结果，在战斗开始后，他们将后方的罗马人杀得片甲不留。

29.西庇阿·阿非利加努斯两面受敌，一面是西法克斯的营地，一面是迦太基人的营地。他决定派兵袭击西法克斯的营地，因为该营地有许多大量易燃物资，他想点燃这些东西，在努米底亚人惊恐万分四处逃命的时候将其歼灭，与此同时，他派出部分兵力埋伏在迦太基人前来营救其盟友的必经之路上。结果，战斗开始后，迦太基人认为这是盟友不慎点燃大火，便全都不带武器跑向营地，西庇阿则趁机袭击并消灭了他们。他的两项计划大获全胜。（公元前203年）

30.在交战中，米特拉达梯曾多次被卢库卢斯打败，所以他特别想雇人去谋杀卢库卢斯。米特拉达梯看中了一个名叫阿达塔斯的膂力过人的壮汉，他希望这个壮汉能够在取得敌人的信任后谋杀卢库卢斯。

这个壮汉做起事情来非常卖力，但就是从未得手。因为卢库卢斯虽然收留了他，并且将他编进骑兵部队，但是，暗地里还是派人监视他。一是，对于一个叛逃者是不能立即给予信任的；二是，防止其他叛逃者继续前来。

经过一段时间后，这个家伙的优秀表现征服了卢库卢斯并取得了卢库卢斯的信任。于是，这个人找准了下手的时间，他准备趁军官们和全营一起休息的机会对主帅痛下杀手，因为这时出入统帅营帐的人不多。

但是，人算不如天算，一个偶然的机缘救了这位统帅的命。倘若在卢库卢斯精神好的时候，谋杀者想要去见他，那是立刻会被带到他跟前去的。不巧的是，就在谋杀者急于求见那天，卢库卢斯由于头天夜里苦思冥想作战问题而疲惫不堪，所以正在睡觉。

阿达塔斯强烈要求见统帅，说他手上有意外的十分紧急的公文一定要呈报，但是，卢库卢斯的奴隶却认为主人必须休息，坚决不让他进去。于是，阿达塔斯反而心虚起来，他害怕自己成为怀疑对象，最后翻身骑上一匹预先在大门外备下的马直奔米特拉达梯处。那项使命他可是到头来也没能完成。（公元前72年）

31.西班牙塞多留于距离庞培的大营所在地劳龙镇不远处扎下营寨。在这里，只有两个地方能够征集到粮秣，一处较近，另一处则较远。塞多留下令，对于较近的地方要不断派人前去袭扰，而对于较远的那个地方则不许前去袭扰。这样一来，他让对手坚定地认为，较远处的那个地方更加安全。

当庞培的部队来到这个地方后，塞多留就让屋大维·格雷奇努斯率领模仿罗马样式装备的10个大队和10个大队的轻装西班牙人，与塔克文·普里斯库斯和2000名骑兵一道前去设伏，对付前来征集粮秣的敌军。

这些人奉命行事,在对周遭环境进行一番侦察后,他们埋伏起来。在夜幕降临时,他们将上述那些部队隐蔽到邻近的森林里。最擅长隐蔽作战的西班牙人轻装兵被部署在第一线,重装兵则紧随其后,骑兵则被部署在最后面,生怕马的嘶叫声暴露了整个作战计划。随后,格雷奇努斯下令:全体人员立即休息,要求保持肃静,直到第二天第三个时辰为止。

庞培的官兵以为平安无事,把粮秣都装载好,准备回营,而那些负责警戒的人竟然也认为四周平静,纷纷溜去抢劫。这个时候,早已经在周围埋伏的西班牙人一跃而起,冲向稀稀拉拉的敌兵,敌军遭到重创。在罗马人尚未对这首次攻击组织反击之前,重装兵从森林中突然杀出来,又把正在返回本部的那些罗马人打得七零八落。最后,骑兵追击溃逃者,一路上把溃逃者杀得十分凄惨。

此外,塞多留还采取了不让任何敌人逃脱的措施。塞多留让到前面去执行这一任务的余下的大约250名骑兵走小路,疾驰而去,在抵达庞培的营寨前便折返往回走,刚好碰上了逃脱出来的敌兵。

获知这一情况后,庞培立即让由德奇穆斯·拉埃柳斯率领的一个军团前去支援,但是撤到右翼的塞多留骑兵假装败阵,迂回到该军团的背后,发动攻击,与那些驱逐收粮人员的友军相配合攻击敌军。

这样一来,该军团连同其统领陷入了腹背受敌的境地。在庞培统率全部兵力前来增援该军团时,塞多留的军队便从山腰间冲杀出来,使庞培陷入险境。

经过一战，塞多留达到了一箭双雕的效果，并让庞培成为他自己的军队遭到惨败的见证人。这是塞多留和庞培之间的首次交战。据李维记载，在这次交战中，庞培不仅损失1万人，还损失了全部辎重。（公元前76年）

32.在西班牙作战时，庞培先将部队埋伏好，然后假装害怕敌人前来追击他的样子，直至将敌人引进伏击地点。然后，当战机来到时，他一声号令，部队便从正面和两翼攻击敌人，并抓获了敌将佩尔佩尔纳。（公元前72年）

33.庞培在大亚美尼亚时，米特拉达梯的骑兵不管是在数量，还是质量方面都占有优势。对此，庞培做了这样的部署：将3000名轻装兵和500名骑兵派往两座军营之间覆盖着灌木丛的山谷里设伏。天刚破晓，他就下达命令，骑兵前去攻打敌人的阵地，并下发指示，一旦敌军全部兵力，骑兵和步兵参战，罗马将士便可以渐次后撤，但要注意保持队形，后撤距离以使伏兵能够从背后对敌人奋起突袭为限。结果，该计划成功实施了，敌军被伏兵杀得措手不及，仓皇逃跑。那些逃跑者很多又刚好碰到统率大军掩杀过来的庞培。这次交战挫伤了国王对骑兵所怀有的信念。（公元前66年）

34.在奴隶战争中，克拉苏在坎滕纳山附近，即离敌营较近的地方，构筑了两座营寨。一天夜间，他将部队部署在坎滕纳山脚下的基地里。为了迷惑敌人，他将帅帐驻在一个大营帐里，然后又将骑兵分成两队，一支交给卢奇乌斯·昆图斯，负责与斯巴达克斯作战，采用亦真亦假的战法去疲惫对方；而让另一支骑兵去对付卡斯图斯和坎尼库斯小集团中的日耳曼人和高卢人，他要求这支部队必须佯装逃跑，将敌人吸引到克拉苏亲自率军设伏的地点。

当敌人跟踪追来时,这支骑兵便转身向两翼散开,而埋伏于此地的罗马军一跃而起,大声呼喊着冲杀过去。据李维说,这次交战中,惨遭杀戮的敌人连同他们的指挥官不下3.5万人,夺回5个罗马鹰徽、26面旗帜,以及许多别的战利品,如5副权杖和斧子。(公元前71年)

35.在叙利亚与安息人及其首领奥萨塞斯作战时,盖犹斯·卡修斯只让骑兵在正面布阵,而将步兵隐伏在后方地势崎岖之处。战斗开始后,骑兵便掉转马头,将安息人的军队引诱到事先为他们准备好的伏击地,并一举将其粉碎。(公元前51年)

36.文蒂迪乌斯让自己的部队待在军营里,假装惧敌。连续获胜而兴高采烈的安息人和拉别努斯则频频挑战。后来,文蒂迪乌斯将安息人诱骗到一个不利地形,并以迅雷不及掩耳之势向他们发起攻击,最终打败了安息人,让他们不再追随拉别努斯,并从这个行省撤走了。(公元前39年)

37.文蒂迪乌斯只有一支很小的军队,跟法尔纳斯坦斯统率的安息人作战。他发现,敌人因为兵力充足而信心日渐增长。为此,他抽调18个大队,埋伏在山谷里的营地一侧,将骑兵部署在步兵后面。随后,他命令一支小分队前去攻击敌人。敌人被激怒,发动反攻,这支小分队便假装逃跑,将敌人引诱到设伏的地方。这个时候,早已等候多时的军队一跃而起。最终,文蒂迪乌斯将敌人打得仓皇逃窜,并将他们全部歼灭,其中包括法尔纳斯坦斯本人。(公元前39年)

38.有一次,盖犹斯·恺撒和阿弗拉尼乌斯都将部队驻扎在平原上。双方都想攻占附近的山头。不过,由于山岩陡峭,抢占山头的任务非常艰难。这个时候,恺撒排出的阵形,让人觉得他准备撤军返回伊莱尔达。由于他的后勤补给不足更使敌人相信他的这一打算是真的。但是，没过多久，他便悄无声息地拐了个小弯，率部攻占那些山头。阿弗拉尼乌斯的人发现该情况后非常震惊，他们感觉自己的营地被攻占了一半，于是，他们便朝着山头飞奔而去。恺撒早就料到会出现这样的情况，他便在阿弗拉尼乌斯的部队尚未布好阵之前，挥军猛扑过去。敌人正面是他设伏在那里的步兵，背后是他提前派往那里的骑兵。（公元前43年）

39.在福伦加洛伦，安东尼得到消息：执政官潘萨正朝着自己杀奔而来。对此，他在埃米利亚大道两旁的森林地里设下伏兵以迎敌。结果，安东尼大败潘萨的军队，而潘萨本人负伤，不久后死去。（公元前43年）

40.内战时期，有一次，阿非利加国王朱巴假装败退。看到这种情况后，库里奥感到高兴，不过，这得意的心情并无确凿的依据。对战场的错误判断使得他率部追赶朱巴国王的一员大将萨博拉斯。他认为萨博拉斯已经大溃败，自己开进了开阔的平原地，却被努米底亚的骑兵团团围住。最终，他的军队遭覆灭，本人也身首异处。（公元前49年）

41.雅典将军梅兰修斯接受敌国彼奥提亚国王桑修斯的挑战，率部前来作战。在双方刚刚面对面站定，梅兰修斯便高声喊道："桑修斯，你做得太不公平了，你违反了协定。我是一个人来的，但你呢，却有人陪着一起来跟我决斗。"桑修斯大惑不解，究竟是谁跟他一起来了。就在他伸出脖子四处张望时，梅兰修斯趁机一剑将他刺死。

42.一次，雅典人伊菲克拉特斯在切尔松尼斯收到消息，斯巴达将领阿纳克西比乌斯正率部从陆路开进。伊菲克拉特斯便从他的舰队挑选一支强大的队伍,让他们上岸,在选好的地方设伏;同时,他下达命令,舰队跟往常一样出航并且摆出全部兵力都已经上船的架势。斯巴达人放松警惕,大摇大摆地行进,结果遭到了敌人的攻击,并被消灭。(公元前389年—公元前388年)

43.有一次,利布尼人占领了一处浅水滩地。他们跳到水里,只将脑袋露出水面,敌人看到后,以为该处水很深,便放心地追了过来。结果,敌舰搁浅,利布尼人俘获了这艘敌舰。

44.在赫勒斯谤,雅典将领亚西比德与斯巴达人首领明达鲁斯作战。明达鲁斯拥有一支规模庞大的军队和为数不少的舰队。对此,亚西比德做了这样的部署:派出少量部队于夜间登陆作战,并将他的一些船只隐匿到某些岬角侧后去。而他本人则亲自率领一支小分队出发,让敌人认为他兵力弱小。在敌军尾随追击时,他则拼命逃跑,将敌人引进预先设伏的地方。然后,他从背后对敌人发动攻击。在敌人上岸后,他就借助早在此埋伏的部队将其歼灭。(公元前410年)

45.还是这位亚西比德,有一回,在参加海战时,他让士兵在一个岬角上竖起几根桅杆,并要求留在那里的士兵注意:只要见到他发出开战的信号,他们就在这些桅杆上把帆扬起来。最终,他用这个办法迫使敌人退却了,因为敌人认为又有一支舰队前来支援亚西比德。

46.在一次海战中,罗得人门农统率一支200艘舰船的舰队。他想诱敌出战。为此,他做了这样的部署:只让他的一小部分舰船上扬帆,并要求扬帆的这些舰船先行起航。在看清楚他的舰队并数清楚数量之后,敌军前来迎战。最终,敌人受到了比实际数量多得多的舰船的攻击,结果大败。

47.有一次,雅典人的首领提谟修斯与斯巴达人在海上展开战斗。提谟修斯做了这样的部署:在斯巴达舰队一开进作战线,他就抽调20艘航速最快的船只采用一切手段千方百计袭扰敌人使其疲惫。待敌人不堪其扰,机动能力明显下降,提谟修斯便全速开进,攻击敌人。结果不言而喻,筋疲力尽的敌人难以抵挡提谟修斯。

欲擒故纵,力避出现困兽犹斗之势

1.在卡米卢斯指挥下,高卢人进行了一场战斗,战斗结束后,他们需要船只渡过台伯河去。对此,元老院投票,同意将高卢人送过河去,也同意为高卢人提供食物。后来,又有一次,在高卢人需要通过庞普汀地区时,罗马也为他们提供帮助。这条路后来就起名叫"高卢通道"。(公元前349年)

2.当两位西庇阿都死后,军队的最高指挥权交给了罗马的一名骑士提图斯·马尔奇乌斯。在马尔奇乌斯的指挥下,罗马人成功地包围迦太基人。迦太基人发誓要血战到底,于是,他们作战更加凶猛。发现这种情况后,马尔奇乌斯撤下了几个步兵支队,给敌军留出逃跑的空间,等到敌人慢慢分散开时,他再率部发动猛攻,因为此时攻杀不会对他的部下产生巨大的威胁。(公元前212年)

3.盖犹斯·恺撒将一些日耳曼人团团围住,这些日耳曼人因为无处逃生便拼命奋战。于是,恺撒下令部队放缓进攻,留出缺口,让敌人逃生。等到敌人逃散时再率部攻击。

4.罗马人在特拉西梅诺湖被汉尼拔包围,他们拼命抵抗。汉尼拔网开一面,给罗马人逃生的机会。罗马人开始溃散,溃逃中的罗马人遭到汉尼拔的猛烈进攻,惨遭覆灭,而汉尼拔的部队并无多大损伤。(公元前217年)

5.埃托利亚人被马其顿国王安提柯团团围困,饥饿难耐,他们决心拼死一战。为此,安提柯撤走一部分士兵,为他们让出一条逃生之路。看到有路可逃,敌人拼命逃窜,安提柯从背后攻击他们,最终将他们粉碎。(公元前223年—公元前221年)

6.斯巴达人阿格西劳斯在与底比斯人作战时发现,敌人因为地形条件限制而陷入困境,由于绝望,他们拼死抵抗。这个时候,阿格西劳斯下令,队形松开,给敌人留了一条逃生之路。敌人见到生存的希望,便拼命逃跑,可是,在他们逃跑时,斯巴达人又重新包围他们,从背后攻击他们,而斯巴达的部队却并无伤亡。(公元前394年)

7.执政官格奈乌斯·曼柳斯作战归来时发现,伊特鲁里亚人夺占罗马人的营帐。对此,格奈乌斯·曼柳斯派卫队把所有的出口都堵死,如此一来,敌人坐不住了:既然逃生之路被堵死,便只能决一死战,依照这样的情况发展,格奈乌斯·曼柳斯也可能会战死沙场。在这个时候,他的副官开启了一个出口,为伊特鲁里亚人提供逃生的机会。不过,当伊特鲁里亚人涌向这个出口时,罗马人便来追杀他们,在前来支援的另一位执政官费边的支援下一举歼灭了敌人。(公元前480年)

8.薛西斯战败,雅典人想趁机毁掉他的大桥,泰米斯托克利则极力劝阻。他这样说道:"与其逼迫薛西斯在绝望中死命顽抗,还不如将其赶出欧洲。"紧接着,他又派出使者去见薛西

斯，向薛西斯说明，倘若不赶紧撤走，他将面临何等地步的危险。（公元前480年）

9.伊庇鲁斯国王皮洛士进攻一座城池。他发现，城里的居民已将各处城门紧闭，由于处于生死存亡一线，这些人拼死抵抗，于是他为他们提供了逃生的机会。

10.同一个皮洛士，他在许多有关兵法的指令中提到穷寇勿紧追。因为，这不但可以避免敌人陷入绝境而进行拼死反扑，而且也能让他们更倾向于撤退，因为他们深知胜利者未必非置他们于死地不可。

不露败绩

1.有一次，罗马国王图卢斯·霍斯蒂柳斯和维爱人作战。阿尔班人扔掉罗马军队不管，冲上邻近的山丘。这一举动让罗马大军陷入险境。对此，罗马国王高声喊道，说是他下命令让阿尔班人这么干的，其目的是将敌人包围起来。结果，这一吼声增添了维爱人心中的恐惧，但却让罗马人增添信心。最终，他用这个计谋扭转了交战的局势。

2.战斗刚开始，卢奇乌斯·苏拉的副官便带着一支人数不少的骑兵队伍跑向敌军的阵营。对此，苏拉立即宣称，这是他特意安排的行动。如此一来，他不但让他的部下避免了惊慌失措，而且还使大家对这一安排会产生何等结果寄于某种期望而受到鼓舞。

3.也是这位苏拉，当得知自己派出的分遣队被敌军包围并被歼灭后，他担心这次灾难会让全军将士惊慌失措。于是，他这样告诉将士们：这是他故意派出去的辅助部队，特意让他们到那些危险的地方去，因为这些人密谋造反。如此一来，他便以加强纪律作幌子掩盖了一次非常明显的失败，而且，他让将士们深信他所说的是事实，从而激发了将士们的斗志。

4.在国王西法克斯的使者以他的名义告诉西庇阿，不要奢望能跟他一起从西西里渡海去阿非利加时，西庇阿担心，如果告诉将士们实话——与外国军队联合的希望落空——士气一定会受到影响。于是，他一方面打发这些使者，另一面却四处发布信息说：西法克斯特意派人前来与他洽议联合作战事宜。（公元前204年）

5.昆图斯·塞多留正在和敌人作战。一个蛮夷前来向他报告说，伊尔图莱乌斯被打败了。这个时候，他一剑刺进那蛮夷的胸膛，因为他担心传令兵会将这个消息泄露出去，影响部队的士气。（公元前75年）

6.雅典人亚西比德在和敌人作战中受到阿拜多斯人的攻击，局势危险。忽然，有一名传令兵正向他飞奔而来。在传令兵来到他跟前时，他发现此人脸色阴沉，于是，他便支开其他人，而单独与传令兵交谈。在交谈中，他获知他的舰队遭到法尔纳巴佐斯都督的包围。为此，他将消息封锁起来，既不让敌军知道，也不让自己的部属知道，他一方面停止了交战，一面迅速调兵营救他的舰队，并给他的友邻提供支援。（公元前409年）

7.当汉尼拔开进意大利时，有3000名卡佩塔尼人开小差逃跑了。他担心其他人也会深受影响，于是，他对外宣布：这3000名士兵是他亲自放走的，而且他还放走了一些从事一般工作的人。如此一来，他让大家更加相信他所说的是真实的。（公元前218年）

8.卢奇乌斯·卢库卢斯发现他原来的辅助兵力——马其顿骑兵突然全部跑向敌军阵营投敌去了。这个时候,卢库卢斯命令号手吹响号角,并抽调骑兵分队前去追击逃跑者。见此情况,敌人以为战斗开始了,便向逃跑者投掷标枪。如此一来,这些准备投敌的骑兵便觉得投敌之事不稳妥,而后面的骑兵又紧追不舍,于是,他们便向敌人猛扑过去。(公元前74年—公元前66年)

9.在卡帕多西亚,波斯人的将领达塔米斯与奥托弗拉达提斯作战。得知一部分骑兵逃跑后,他便要求其他部队紧追不舍,等到他追上了,就立即表扬他们,说他们求战心切的感情比他还强烈,并要求他们奋勇杀敌。(公元前362年)

10.当罗马人在战斗中被迫放弃土地时,执政官提图斯·昆克蒂乌斯·卡皮托利努斯却假称,罗马大军已经在另一侧翼打败敌军。通过这种做法,他让部下勇气倍增,进而赢得了胜利。(公元前468年)

11.格奈乌斯·曼柳斯正在与伊特鲁里亚人作战。他的同事,负责指挥左翼的马尔库斯·费边负伤,其部队开始后撤,因为他们以为执政官已经阵亡。这一撤退导致阵线被敌军突破,对此,曼柳斯镇定自若,他截住后撤的骑兵分队,大声高喊马尔库斯·费边依然健在,而且已经在右翼得胜。结果,他的这种英勇无畏的战斗精神恢复了部下的勇气,进而夺得了胜利。(公元前480年)

12.马略正与辛布里人和条顿人作战。有一次,他的士兵不慎将营寨的地点选在一个水源被蛮夷人控制着的地方。在士兵们要求供水时,马略用手指着敌人说:"那个地方就是你们应该得到水的地方。"备受鼓舞的罗马人直奔水源地,赶走蛮夷人。(公元

前102年）

13.在法萨罗战役中，提图斯·拉别努斯的军队战败后跑到都拉基乌姆去了。他在那里大声宣告：这次战役失败了，但是双方的运气因恺撒身负重伤而相差无几。如此一来，他让庞培方面的其他支持者充满信心。（公元前48年）

14.马尔库斯·加图乘坐一艘战舰，无意之中在安布拉基亚登上陆地，当时埃托利亚人对联盟舰队实行封锁。虽然他身边没有军队，但是他还是用喊声和手势发出信号，让敌人感觉他在召唤他的军舰迅速前来。他那副一丝不苟的神态使敌人感到惊恐，就好像他假装用手势从近处召唤来的军队已正开来一般。埃托利亚人出于害怕罗马舰队的到来会使他们覆灭而解除了封锁。（公元前191年）

倾全力，振士气

1.在塔克文国王与萨宾人作战时，塞尔维乌斯·图柳斯当时还是个年轻人，他发现，那些旗手作战很不积极，于是他从一名旗手手中夺下一面旗帜，扔向敌人。为了夺回这面旗帜，罗马人英勇顽强地战斗，最终他们不但重新夺回了这面旗帜，而且也打赢了这一仗。

2.有一次，执政官富留斯·阿格里帕的侧翼被敌军冲垮，他从一名旗手手里夺下军旗，往赫尔尼基人和埃魁人的人堆中扔去。这一行动扭转了战局，因为罗马人的斗志被激发起来，最终夺回了这面军旗。（公元前446年）

3. 执政官提图斯·昆克蒂乌斯卡皮托利努斯将一面军旗朝敌人（法利希人）的中央扔去，随后下令他的军队将其夺回。

4. 拥有执政官权力的军事护民官马尔库斯·富留斯·卡米卢斯，有一次，在他发现自己的部队退缩不前，他抓住一名旗手的手，径直把他朝沃尔斯奇人和拉丁人堆中推去，如此一来，其余的人都不得不羞愧地紧随其后了。（公元前386年）

5. 佩利尼人萨尔维乌斯在波斯战争中也曾像上述这样做过。（公元前168年）

6. 马尔库斯·富留斯截住他后撤回来的军队。他说，他只接待胜利者入营。经他一说，部队重新回去战斗，并取得了胜利。（公元前381年）

7. 在努曼蒂亚，西庇阿看到部队正在退却，他宣布：谁要是回营去，谁就是敌人。（公元前133年）

8. 独裁官塞尔维柳斯·普里斯库斯曾下令部队拿着军团旗帜与法利希人作战，并处决那些遵守命令但犹豫不决的旗手。结果，士兵猛向敌人扑去。（公元前418年）

9. 骑兵将领科尔内柳斯·科苏斯在与菲登埃人作战时也曾采用过同样的办法。（公元前426年）

10. 塔克文的骑兵在和萨宾人交战中表现得犹豫畏怯，于是，他下令卸下他们的马勒，反而给他们的马匹加上踢马刺，并让他们穿越敌人的作战线。

11. 在萨谟奈战争中，执政官马尔库斯·阿蒂柳斯看到自己的部队正在撤出战斗，纷纷往回跑。于是他派出一支分队前去拦截这些士兵，并告诉他们，要么跟他和所有忠诚的公民决一雌雄，否则就回头去跟敌人作战。如此一来，他让这些人全部返回去参

加战斗。（公元前294年）

12.当苏拉的军团在与由阿尔凯劳斯指挥的米特拉达梯的军队激战后开始溃退时，苏拉手持长剑冲进第一道作战线，大声对他的部队说："如果有人问你们，你们是在什么地方遗弃你们将军的，你们就说，是他在彼奥提亚战役中战斗的时候。"听完这段话，将士们羞愧难当，转身扑向敌军。（公元前85年）

13.被奉为神将的尤卢斯看到部队在蒙达退却时，下令将他的坐骑牵走，他就像一名步兵一样大步冲向前线。他的部下看到后，感觉抛弃统帅是耻辱的事情，于是重新投入战斗（公元前45年）

14.有一次，腓力担心他的部队会顶不住西徐亚人的攻击，便将他最可靠的骑兵部署在尾部，他告诉他们，他们队伍中的任何人都不许撤出战斗；如果有人撤出战斗，就将他就地处决。宣布这一决定后，就连那些胆子最小的人宁可战死，也不愿意死在自己人的刀下。最终，腓力终于赢得了这次战斗。

若战斗顺利结局，如何了结未竟之战

1.在战斗中，盖犹斯·马略打败了条顿人，不过战斗结束时已是深夜，他派兵围住敌人，扎下营寨。他派出一小部分人不断地高声呐喊，让敌人整晚处于戒备状态，休息不好。如此一来，第二天他就轻易地歼灭了没有得到休息的敌人。（公元前102年）

2.克劳狄乌斯·尼禄在从西班牙到意大利途中碰上了哈斯德鲁拔率领的迦太基人，双方发生了血战。最终，尼禄战胜了迦太基人，他将哈斯德鲁拔的脑袋扔进了汉尼拔的军营。汉尼拔

因此悲痛欲绝，而迦太基人则对得到增援感到绝望。（公元前207年）

3.卢奇乌斯·苏拉包围了普勒尼斯特城。他把在作战中被杀死的普勒尼斯特的将军们的脑袋挑在长矛上，向被围困的普勒尼斯特的市民展示，最终瓦解了市民们的抵抗意志。（公元前82年）

4.日耳曼人的首领阿米尼乌斯也曾如上述这般做。他将被他杀戮的人的脑袋挑在长矛上，然后命令下属将它们送到敌军阵营去。（公元9年）

5.多米蒂乌斯·科尔布洛包围了提格兰诺塞尔塔。亚美尼亚人准备与城池共存亡。对此，科尔布洛将俘虏的贵族瓦丹杜斯处决，让士兵们用投石器将其脑袋射进敌人的营地。碰巧的是，那颗脑袋正好落在亚美尼亚人正在议事的会场中央。会场的所有人看到后都大吃一惊，最终，他们决定投降。（公元60年）

6.在战斗中，锡拉库萨人的领袖赫莫克拉特斯打败了迦太基人。他担心他抓获的俘虏太多，没有办法精心看管。因为，战斗一结束，将士们往往会有纵酒狂欢的欲望和逍遥疏怠的情绪。对此，赫莫克拉特斯诈称敌人的骑兵会在次日夜间前来偷袭，以此激起众人的警觉，并成功地使之对俘虏的看守比平时更加经心。

7.还是这位赫莫克拉特斯，在取得一些胜利之后，出于同样的原因，他的部下非常自负，把一切禁令、约束全然置之脑后，而沉溺于美酒之中。为此，他背地里派了一名叛逃者到敌人营地去散布说，锡拉库萨人四下设埋伏，劝说敌人不要轻易撤离。敌人因为害怕中埋伏而不敢离开营地。就这样，赫莫克拉特斯留住

了敌人。第二天,当他的军队恢复正常之后,他对敌人就不那么仁慈了,战事就此告终。(公元前413年)

8.当米太亚德在马拉松重创波斯军而雅典人尚未来得及欢庆他们的胜利时,他就命令他们火速赶去支援市镇,因为据悉,波斯舰队正朝市镇驶去。他赶到了敌人前头,他的部队立即登上城头,城头上顿时站满了兵士。波斯人纳闷,心想雅典的兵力竟如此充足,他们在马拉松遇到一支雅典军队,现在又在城下遇到一支劲敌。于是,他们急忙掉转船头返回亚细亚。(公元前49年)

9.一天夜里,在迈加拉人的船队载着拐骗来供祭祀阿尔忒瑞斯享用的雅典妇女中途抵达埃莱夫西斯时,雅典人庇西斯特拉图和他们打了起来。庇西斯特拉图痛下杀手,屠杀敌人,为同胞报了这拐骗之仇。他让雅典士兵装扮成被抓来的妇女模样,藏在那些俘获到的船只上,然后便朝迈加拉驶去。结果,迈加拉人中计了,他们满以为是自己人出航凯旋,开心地四处奔走相告,没有携带武器便前去迎接他们。就这样,他们又被庇西斯特拉图打得落花流水。(公元前604年)

10.雅典大将西门在塞浦路斯岛附近打败了波斯人的舰队。他让自己的士兵拿着从俘虏那里夺得的武器,登上波斯人的船只,去攻打攸里梅敦河附近潘菲利亚的敌人。波斯人认出这些船是他们的,从士兵的穿着上看,这也是自己人。结果,他们在同一天之内遭到西门的两次突然袭击,一次在海上,一次在陆地上,这两次战斗,波斯人都惨遭失败。(公元前466年)

见兔顾犬,亡羊补牢

1.提图斯·狄第乌斯在西班牙作战。有一次,他和敌人打了一场极为艰难的仗,这一仗双方打到夜幕降临时才收兵。双方死亡都很多。对此,他想出一个主意:他让士兵们趁夜间先将己方的一部分尸体埋掉。第二天,西班牙人掩埋尸体,当他们发现己方所战死的士兵要多于罗马人后便担心起来,因为按照这样计算,他们这一仗打败了。最终,他们便同意了罗马指挥官提出的条件。

2.罗马骑士提图斯·马尔奇乌斯接管了(西庇阿)在西班牙的残部。他发现,军营附近有两座迦太基人的军营,两地相隔不过几里地。他激励将士,并在深夜率部袭击了迦太基人的一座军营。由于这座军营里的敌人刚刚获胜,放松戒备,结果他们遭到了毁灭性打击,甚至连一个通报这个失败消息的人也没有剩下。但是,马尔奇乌斯并不满足于此,他让部队稍事休息,就又在当夜,趁着敌人尚未知晓实情就又对迦太基人的第二座军营发起攻击。如此一来,他两战皆捷,歼灭了迦太基人的两处营地,从而将失去的西班牙行省重又夺了回来。(公元前212年)

坚定动摇分子的信心

1.普布柳斯·瓦莱留斯在埃皮达鲁斯的兵力不够,所以,他总担心当地的居民发动叛乱。他决定在距离城市较远的某个地方举行一次体育竞赛。比赛当天,在居民们几乎倾城而出前去观看比赛时,瓦莱留斯则让士兵们紧闭城门,将埃皮达鲁斯人留在城外,直到他从他们中抓到几名人质为止。

2. 格奈乌斯·庞培对哈奥森斯人的忠诚表示怀疑,担心他们不会心甘情愿让守备部队进驻。对此,他提出这样的要求:允许他的伤病员在他们那里养病治疗。对方同意了。于是,庞培让最强壮的士兵伪装成伤病员,以此占领了城市。

3. 亚历山大征服色雷斯后准备动身前往亚细亚,但是,他担心自己前脚一走,色雷斯人会拿起武器闹事。于是,他要求那些对失去自由而耿耿于怀的王公、官员全都随军东征,说这是他给予他们的一种殊荣,而让那些才能平庸的人留下来统治平民百姓。这样一来,亚历山大阻止了那些获得恩宠的官员们从事任何叛变活动,而平民百姓因为失去领导人,只能无所作为。(公元前334年)

4. 当安提帕特听说亚历山大驾崩的消息后,伯罗奔尼撒人要起兵造反。对此,他假装什么都不知道。相反,他对他们特意前来"支援"亚历山大抗击斯巴达人的举动表示感谢。随后,他说,他会将把此事上报国王。可是,他又说,根据眼下的情况,他并不需要支援,所以,他又让他们先行回去。这样,他摆脱了威胁。(公元前331年—公元前330年)

5. 在西班牙,有一次,西庇阿·阿非利加努斯看到女俘中有一名风华绝代的贵族少女。那女子的美貌让在场者惊叹。对此,西庇阿没有将她占为己有,而是尽心地将她保护起来,并将其送还给她那名叫阿利乔的未婚夫,而且还把那个少女的父母以女儿赎金的名义送给西庇阿的钱财作为结婚贺礼转赠给这位未婚夫。

后来，阿利乔的整个部族为他的这一举动而感动，决定和罗马结成同盟。（公元前210年）

6.马其顿国王亚历山大也有过上述类似的举动。有一次，他俘获到一个倾城倾国的女子，不过，那女子早就和邻近的一个部落的头领订立婚约。对此，亚历山大让人对她悉心照顾，但自己却是十分地克制，连看都不曾看过她一眼。后来，他将这位女子还给她的心上人。对方备受感动，整个部族转而支持亚历山大。

7.恺撒·奥古斯都·日耳曼尼库斯皇帝在那次因征服日耳曼人而得此尊号的战争期间，在库比人地区建造了一批要塞。要塞建成后，他发出告示：凡在修筑工事的范围内遭损坏的庄稼一律照价赔偿。此后，办事公道的美誉为他赢得了全体人民的归顺之心。（公元83年）

为将者部队失去信心时，为稳住阵脚应做些什么

1.在沃尔斯奇人列队准备攻打执政官提图斯·昆克蒂乌斯的军营时，昆克蒂乌斯却只留下一个步兵大队担任值勤，而让其他将士休息。此外，他还抽调司号兵骑上马，一边吹号，一边绕着军营转圈。通过这些举动，他保持了与敌人的距离，并让对方整夜处于十分紧张的状态。次日天刚蒙蒙亮，他就率部突然出击，而敌人因为整夜没有休息好而疲惫不堪，于是，他轻易地打败了敌人。（公元前468年）

2.在西班牙时，昆图斯·塞多留的骑兵远不如敌人，而敌人士气旺盛，步步紧逼。对此，他让士兵连夜挖出许多壕沟来，并

将作战线部署在这些壕沟之前。随后，在敌军骑兵按惯例夺路向前冲击时，他将作战线往后撤。敌人紧追不舍，但最后都掉进了沟壕，反而被塞多留截杀。（公元前80年—公元前72年）

3.有一次，雅典指挥官卡雷斯正在等候援军。他担心敌人会赶在援军抵达之前对他发动攻击。于是，他抽调一部分士兵，让他们于夜间从营寨背后溜出去，回来时则要尽可能让敌人看清楚，以造成已有新生力量前来增援的假象。这样，在期待的援军来到之前，他用"增援部队"坚定了自卫的信念。（公元前366年—公元前338年）

4.有一次，雅典人伊菲克拉特斯在一片平地上扎营。他收到情报：色雷斯人准备在夜间下山来抢劫他的营地。经过侦察，他得知下山的路只有一条。于是，他悄悄地将部队拉出去，埋伏在色雷斯人必经之路的两侧。在敌人前去袭击他的营地时，营地上依旧灯火通明，然而这不过是少数人在那里点燃的罢了，目的是给敌人造成主力似乎都还留在营内的印象。最后，伊菲克拉特斯顺利地从侧翼攻击敌人，并将其击溃。（公元前389年）

退却

1.在与阿塔罗斯交战之前，高卢人将他们的金银财宝如数交予忠诚的护卫者，并告诉他们：一旦他们的军队在会战中失败，请将这些金银财宝撒满一地，让敌人转而去抢夺金银财宝。如此一来，他们自己便能更易于逃遁。

2.叙利亚国王特赖丰战败之后让士兵们在撤退的路上撒满钱

物。安条克的骑兵看到财物后停滞不前，贻误了战机，特赖丰成功逃脱了。（公元前134年）

3.在战斗中，昆图斯·塞多留被昆图斯·梅特卢斯·庇护击败。他认为，有组织的撤退也不一定安全，于是，他下令士兵们分散撤走，并告诉他们重新集结的地点。（公元前75年）

4.卢西塔尼亚人的首领比里亚托采用塞多留将部队先化整为零又集零为整的办法逃出了困境。（公元前147年—公元前139年）

5.波尔森那的军队紧紧地咬着霍拉提乌斯·科克莱斯，对此，科克莱斯下令，部队迅速过桥回城。为了不让敌军追过来，他让士兵们将那座桥梁毁坏。在将士们执行他的命令时，他本人却像卫兵一般守在桥头，阻挡迎面过来的敌人。后来，得知桥梁已被毁坏，他便纵身跳入河里。虽然他身上多处负伤，精疲力竭，但最终还是带着兵器游到了对岸。（公元前507年）

6.在西班牙的伊莱尔达附近，阿弗拉尼乌斯决定撤离。但是，恺撒对他紧追不舍。对此，阿弗拉尼乌斯扎下一座营寨。于是，恺撒也扎下营寨，并派士兵们出去搜集粮秣，这个时候，阿弗拉尼乌斯突然又发出了撤离的信号。（公元前49年）

7.安托尼正想方设法摆脱安息人对他步步紧逼，但每次破晓时分他拔营起程时，他的部队总是遭到安息人的箭矢之害。所以，有一天，他让部下直到临近正午时才回营，让敌人以为他已扎下一个久驻营地的印象。安息人果然中计，不再骚扰安托尼。安托尼立即利用这一天剩下的时间不受干扰地开始了他的井然有序地行军。（公元前36年）

8.腓力在伊庇鲁斯打了败仗，为了不让罗马人在他退却时将其歼灭，他请求实行休战以便埋葬死者。罗马人同意了。结

果，罗马哨兵们都放松了警觉，而腓力趁此逃离战场。（公元前198年）

9.普布柳斯·克劳狄乌斯在一次海战中被迦太基人打败。他深知，必须率部突围，否则将全军覆没。于是，他下令余下的20艘舰只以胜利者的姿态驶进。迦太基人中计了，误以为是敌人在遭遇战中占据优势。如此一来，克劳狄乌斯让敌人畏惧起来，因而成功地撤走了。（公元前249年）

10.有一次，迦太基人在海战中失利，想摆脱尾随追击的罗马人。于是，他们做出其舰只忽然搁浅在沙滩上无法开动的假象。罗马人看到后顾虑重重，生怕自己的兵船也会搁浅，因此他们给迦太基人留下了一条退却的生路。

11.阿特莱巴特人康缪斯败于神一般的恺撒之手，从高卢逃往不列颠。在他抵达海峡时正好遇上顺风，不过却已是落潮时分。虽然舰船都在沙滩上搁浅，但是他还是下令将士们将帆扬起来。尾随而来的恺撒从远处看到鼓满了风帆的船，心想康缪斯早已逃走，于是他放弃了追歼敌人的念头。

卷 三

如果说我在前面两卷的叙述是文题相切的，且让读者的确对相关内容有所了解的话，那么现在我将要探讨的是有关围城和城防的计谋问题。在这里，我不打算写什么前言之类的文章，我打算先提供一些在围城时用得着的东西，然后再谈谈对被围困者颇有教益的事情。

现在，构筑工事、制造武器这些事已经取得了成功，但是，在实际应用方面的臻致完善上，我并不看好。当然，在这里，我并不打算对它们进行思考，我只是想搞明白与围困问题有关的以下几种谋略格局。

第一，出敌不意；

第二，示假隐真；

第三，策反用间；

第四，饥敌；

第五，因势制宜，因情措法；

第六，声东击西，调动敌人；

第七，断河毁水；

第八，惊敌；

第九，攻其无备；

第十，诱敌入瓮；

第十一，佯撤。

再则，便是与被围困者有关的谋略了：

第十二，提高警觉；

第十三，传送情报；

第十四，调用增援和供应粮秣；

第十五，明示充裕之形，暗隐短缺之实；

第十六，反间；

第十七，出击；

第十八，临危镇定，以虚充实。

出敌不意

1.在一次战斗中，执政官提图斯·昆克蒂乌斯打败了埃魁人和沃尔斯奇人。于是，他决定攻打城墙坚固的安蒂乌姆。他将士兵们召集起来，向他们解释这样做的必要性，并告诉他们只要不延误，又是何等地容易做到。最后，他激发了士兵的斗志并一举攻克了这座城池。（公元前468年）

2.马尔库斯·加图在西班牙发现，只要出敌不意，就可以攻克一座城池。于是，他率部通过岗峦起伏和荒无人烟的地方，以两天时间穿行了一般需要4天才能走完的路程，最终全歼毫无戒备的敌人。在下属问及他为何能够轻易地获得胜利，他这样告诉大家："我们之所以赢得胜利是因为两天之内赶完了4天的行军路程。"（公元前195年）

示假隐真

1.多米蒂乌斯·卡尔维努斯包围了利古里亚城镇卢埃利亚。不过，该城池不但地势险要，而且工事坚固，易守难攻，此外，守军英勇顽强，戒备森严。

为此，卡尔维努斯每天带着他的部队不厌其烦地绕着城墙巡行，最后又将部队带回营地。时间一长，守军便认为，这是罗马指挥官带部队搞训练，于是，他们便放松了对罗马大军的警惕。有一天卡尔维努斯突然率部发动进攻，并终于攻破城墙，迫使守军投降。

2.在战争期间，执政官盖犹斯·杜埃柳斯经常让士兵和桨手进行演练。他最终让迦太基人对这种行为习以为常，甚至漠然置之。后来，盖犹斯·杜埃柳斯突然率领他的舰队直逼敌军，并攻破了敌人的防御工事。（公元前260年）

3.汉尼拔让部下换上罗马人的军服装扮成罗马人，然后又将长年参加战争而学会拉丁语的部下编成队伍，让这些士兵打头阵，在意大利占领了许多座城镇。（公元前216年—公元前203年）

4.阿卡迪亚人在围困美塞尼亚人的要塞时，效仿敌人，制造了一模一样的武器。根据他们收到的情报，有一支部队要来支援敌军，于是阿卡迪亚人便穿起美塞尼亚人正在等候的援军的服装。结果，敌人误把阿卡迪亚人当成盟友放了进去，阿卡迪亚人则乘机抢占有利地形，给敌军造成重大伤亡。

5.雅典将领西门准备夺取卡里亚的一座城池。在夜幕降临时，他下了一道命令：火烧城市居民非常崇敬的狄安娜神殿和城外的一片小树林。在市民们都跑出来救火时，西门则乘机攻占这座无人防守的城池。（约公元前407年）

6. 雅典将领亚西比德包围了阿格里真托。该城有重兵把守，城池坚固，易守难攻。他请求阿格里真托人召集一次市民大会，看起来，他好像要和大家讨论大家都极为关心的事情。

他在剧院里发表冗长的演说。按照希腊的习俗，剧院往往是用来商议大事的地方。正当他以会议的名义把民众扣留在那里时，他那早已为此做好部署的雅典人便轻而易举地占领了这座失去了守卫的城池。

7. 底比斯人伊巴密侬达正在阿卡迪亚作战。刚好赶上节日，敌方的许多妇女都到郊外去闲逛游玩。看到这种情况，伊巴密侬达抽调一部分士兵，换上女装，混杂在妇女堆里。凭借男扮女装，这些人在傍晚时分竟也混进了城里。进城后，他们不仅攻占了这座城镇，还为自己人打开了城门。（公元前379年）

8. 在泰耶阿人为欢庆密涅瓦节倾城而出的那一天，斯巴达人的领袖亚里斯提卜派人打扮成商人，赶着牲口，驮着装满谷粮的袋子到泰耶阿去。他们趁人不注意时为自己人打开了城门。

9. 安条克包围了卡帕多基亚的一座要塞城镇苏恩达。他的下属截获了敌军一批出来采办粮秣的人员和驮载牲口。他下令杀掉押运牲口的辎重兵，然后让自己士兵换上他们的衣服，假装成敌人将粮秣押运回城的样子。敌人果然中计，最终安条克的军队攻占了要塞。

10. 不管底比斯人投入多少兵力，他们都无法攻克西锡安人的港湾。后来，他们在一艘大型船只上藏满兵士，然后在甲板上堆上各种货物,以此来欺骗敌人,让敌人认为这是一条商船。随后,他们在离海很远的一处防御工事附近派了几个人上岸。就在这里,一些徒手的船员故意惹事,先是和这几个人"吵"了起来,后来又"打"了起来。在西锡安人认为是商船人员与当地人之间的斗殴而纷纷前来围观时,底比斯船员却攻占了无人防卫的港湾和市镇。

11.埃托利亚人提马尔库斯杀死了托勒密国王[1]的大将查马德。他带着士兵,按马其顿人的样式,穿上死者的斗篷,戴上死者的头盔。随后,他们往敌军的港湾赶过去,结果,他们被错当成查马德迎进萨尼人的港湾。

策反用间

1.执政官帕皮留斯·库尔索尔来到他林敦城下,该城由米洛统领一支伊庇鲁斯人的军队守卫着。库尔索尔派人传话:只要米洛协助他控制这座市镇,他可以保证米洛个人和市民们的安全。米洛听后十分高兴,他说服他林敦人委派他担任使者去见执政官。经过一番详谈,他带回了很多慷慨的许诺。他将这些许诺吹得天花乱坠,以至于市民们沉溺于安全感中。如此一来,他最终将这座市镇交给库尔索尔,因为它已经毫无戒备了。(公元前272年)

2.马尔库斯·马尔切卢斯想尽办法让锡拉库萨人索西斯特拉图斯叛变投靠自己,行动成功后,他得到了这样的消息:节日当

---

〔1〕即勒黔·塞拉乌努斯,马其顿国王。

天，一个名叫埃皮奇得斯的市民要准备很多美酒佳肴，到时守军戒备将不如平时。于是，他趁着敌人寻欢作乐和纪律松弛的机会，奋身跳上壁垒，杀死哨兵，为罗马军队打开了城门。（公元前212年）

3.塔克文·苏佩尔布斯想让加比人投降，可是始终未能如愿。后来，他用树枝抽打亲生儿子塔克文·塞克斯图斯，然后再将他派到敌人那里去。到了敌营后，塞克斯图斯极力抱怨父亲，说他残忍，并劝诱加比人帮他报仇。最终，他被选派为战争中的统帅，不过，他却把加比人交给了他的父亲。

4.由于对近臣佐皮鲁斯的忠诚深信不疑，波斯国王居鲁士故意让人将佐皮鲁斯的容颜毁坏，事后将他派到敌人那边去。敌人看到他的这副尊容，都认为佐皮鲁斯已经和居鲁士势不两立。在战场上，佐皮鲁斯身先士卒，并将他的标枪向居鲁士投去，这就更让敌人深信不疑。结果，正是他最终在一次战斗中把托付于他的城市巴比伦献给了居鲁士。（公元前518年）

5.腓力不想让萨尼人治理他的城镇，他买通了对方的一个头目阿波洛尼迪，让他在城门口摆放一辆装有巨石的大车。对方照做后，他便发出信号，驱赶市民逃离城镇，就在市民们被堵塞在城门口乱成一团时，阿波洛尼迪征服了他们。（公元前359年—公元前336年）

6.李维乌斯统率的罗马守备部队驻守他林敦城。汉尼拔来到他林敦城下，他派人收买了一个名叫科诺诺伊斯的他林敦人，计划成功后，汉尼拔便与他一起设下圈套：由于城外有敌军，白天出城是不安全的，他便以狩猎为借口夜间出城。出城后，他直接来到汉尼拔的营地，汉尼拔就让人给他备齐野猪，再由他将这些野猪作为他的猎物赠送给李维乌斯。如此反复多次，人们对汉尼拔的大军也就不在意了。有一次，夜间，汉尼拔让装扮成猎人的迦太基人混杂到科诺诺伊斯的手下中去。在守军放他们进城之后，他们立即发起攻击，杀死哨兵，然后毁坏城门，将汉尼拔和他的部队迎进城来。进城后，汉尼拔将所有的罗马人，除去逃到城堡里去避难的以外，杀了个精光。（公元前212年）

7.马其顿国王利西马库斯包围了以弗所。一个名叫曼德罗的海盗经常驾驶着满载掳获物的船只来支援以弗所。对此，利西马库斯思来想去，并最终收买了曼德罗，拨给他勇敢的马其顿人。曼德罗让人将这些马其顿士兵的双手捆绑起来当作俘虏带到以弗所去。这些人一到城里便夺走城堡中的武器，攻占了该城。（公元前287年）

饥敌

1.坎帕尼亚人被包围了。为了彻底瓦解他们即使被围困也能够坚守的坚定信念，费边·马克西穆斯令人攻占他们的田地，使他们的田地荒芜。后来，在播种季节到来时，费边离去了。见到这种情况，坎帕尼亚人将剩余的粮食做种子播下了。但是，没多久，费边又返回来，踏平了刚刚出土的幼苗。如此一来，费边迫使坎帕尼亚人忍饥挨饿，并最终征服了他们。（公元前215年或公元前211年）

2.安提柯对雅典人也曾像上述这样干过。（公元前263年）

3.狄奥尼西攻占了许多城镇，他想去进犯粮食储备充足的雷吉翁人。为此，他假装求和，请求雷吉翁人给他的部队提供粮食。对方答应了，后来，他将居民们的粮食储备耗尽。紧接着，他便向如今缺粮的城镇发动攻击，并降服了它。（公元前391年）

4.据说狄奥尼西还用同样的办法对付过希梅拉的居民。（公元前387年）

5.亚历山大准备攻打粮食储备充足的莱夫卡迪亚，他首先攻克附近的几座城堡，并让这些城堡的居民前往莱夫卡迪亚避难。如此一来，莱夫卡迪亚便因许多人就食而很快耗费掉粮食储备。（公元前266年—公元前263年）

6.当阿格里真托人的头领法拉里斯包围了西西里的几座筑有工事的市镇时，他假装媾和，并让人将他辛辛苦苦积存下来的全部小麦运到西西里人那里，他说他们储藏谷物的仓库漏水了，只能先寄存在此。西西里人信以为真，结果把自己的粮食消耗掉了。法拉里斯就在夏初发动攻击。结果，由于没有粮食储备，他们只能投降。（公元前570年—公元前554年）

因势制宜，因情措法

1.斯巴达人克利阿库斯得到消息：色雷斯人将维持他们生计的一切必需的东西都运进山里去了，他们希望通过这样来迫使敌人因食物短缺而撤走。按照推算，克利阿库斯在色雷斯人的使者即将抵达前下令当众处死一名俘虏，然后将他的尸体切割成块，再分别送到各营帐去。色雷斯使者看到这番景象后，认为克利阿库斯既然能吃得下这样恶心的食物，那他一定有不达目的誓不罢休的决心，于

是色雷斯人最终选择投降。（公元前402年—公元前401年）

2.当卢西塔尼亚人说，他们的粮食储备足够10年之用，他们并不怕被围困时，提比略·格拉古说："好呀，那我就等到第11个年头再来收拾你们。"卢西塔尼亚人听后非常害怕，虽然他们手头还有充裕的粮食，但是很快就投降了。（公元前179年—公元前178年）

3.奥卢斯·托尔夸托包围了一座希腊城镇。有人对他说，那里的青年正在抓紧时间进行战备训练，他答道："用不了多久，我就会出大价钱把他们都卖掉的。"

声东击西，调动敌人

1.汉尼拔回到阿非利加时，许多城镇依旧由强大的迦太基军队驻守。西庇阿的目的是攻占这些城镇，于是，他经常派部队前去袭击这些城镇。最后，他亲自统率大军，摆出一副要洗劫这些城镇的架势，但最后又假装害怕而退却。反复几次之后，汉尼拔误以为西庇阿真的害怕了，就将各地的守备部队都撤下来，开始追击西庇阿，准备决战。结果，西庇阿在马西尼萨和努米底亚人的配合下，攻占了这些失去守军的城镇。（公元前202年）

2.普布柳斯·科尔内柳斯·西庇阿发现，攻陷德尔米努斯城是有难度的，因为该城由重兵守卫。经过一番权衡后，他率兵攻打别的城镇。在各个城镇的守军纷纷被要求返回保卫自己的家乡时，德尔米努斯城的守卫力量被削弱了，西庇阿随之攻下了这座城镇。（公元前155年）

3.在和伊利里亚人的战争中,伊庇鲁斯国王皮洛士一心想攻陷敌军的都城,但是,久攻不克,未能如愿。随后,他就率部攻打别的城镇,并成功调动敌人分兵守卫那些城镇。伊利里亚人始终认为,都城的坚固工事足以对付敌人的进攻。不料,皮洛士在分散敌人的兵力后又将他的兵力调了回来,而伊利里亚人的都城却已无守兵。皮洛士一举将其攻陷。(公元前296年—公元前280年)

4.执政官科尔内柳斯·鲁非努斯率兵将克罗托内城围了起来,但是他无法攻陷该城,原因是一批卢卡尼亚的援军正在赶来支援。对此,鲁非努斯一方面假装放弃攻陷该城的计划,一方面则出大价钱收买一名叛逃者,并将他派到克罗托内去。

这名使者假装从监禁中潜逃出来,他告诉市民们,科尔内柳斯·鲁非努斯带去的罗马人已经撤走的消息是真实的。克罗托内人民信以为真,并因而遣散了他们的盟军。此后,由于守备部队被遣散,他们的城防力量大为削弱,克罗托内人在遭到突然袭击时只好投降了。(公元前277年)

5.迦太基将军马戈打败了格奈乌斯·皮索,并围住了皮索躲藏的塔楼。马戈考虑到敌方会有援军来救援,于是他派出一名叛逃者去告诉前来救援的军队说,皮索已经成为敌军的阶下囚。通过这个举动,马戈将援军吓退,他因此大获全胜。(公元前216年—公元前203年)

6.亚西比德很想攻克西西里的锡拉库萨城,他当时在卡塔那驻守。他从当地的守军中挑选出一名富有经验、特别灵巧的人,并将他派到锡拉库萨去。当人们将他带到民众大会上时,他使出浑身解数劝说他们,说卡塔那人是极为敌视雅典人的,如果能得到锡拉库萨人的支援,他们就能击溃雅典人,这样一来,亚西比德就会同他们联合起来。没想到，锡拉库萨人真的上当了，率兵离开自己的市镇，将全部兵力集中于卡塔那人那边。这个时候，亚西比德挥师从背后攻打锡拉库萨。结果，他发现该城竟如他希望的那样毫无防备，于是便将它征服了。

7.特罗伊真人民被克拉特罗斯指挥的军队征服。雅典的克莱奥尼摩斯率兵前来攻打这座城镇，他命令士兵们往城里投掷矛，上面还粘着告示：克莱奥尼摩斯前来解救他们的国家。与此同时，他还将一些已被争取站到他一边的俘虏放回去，让他们瓦解克拉特罗斯的队伍。结果，敌人内部发生混乱。得知消息后，克莱奥尼摩斯率部发动攻击，并终于占领了这座城镇。（公元前277年—公元前276年）

断河毁水

1.普布柳斯·塞尔维柳斯让人将伊索拉居民用水的一条河改道，如此一来，他迫使他们归顺于他。（公元前78年—公元前76年）

2.在高卢的一次战役中，盖犹斯·恺撒切断了卡杜尔奇人的市镇水源。虽然该城被一条河流围绕着，且那里的水资源非常丰富，但该城出现严重缺水的原因在于，恺撒让人挖凿许多地下水道，将那里的水源都引走，此外，他还派出弓箭手严防敌人靠近河边。（公元前51年）

3.在西班牙作战时，卢奇乌斯·梅特卢斯将一条河流改了道，他让河水从上游的高处流向部署在低处的敌营驻地。在敌人

被突如其来的洪水弄得惊慌失措时,梅特卢斯便命令早已埋伏下来的部队冲杀敌军。(公元前143年—公元前142年)

4.亚历山大在被幼发拉底河分成两半的巴比伦,各挖一条沟渠,修筑一道堤坝。敌人以为,亚历山大挖沟渠的目的是取土筑坝。但是,亚历山大却将河水引进沟渠,让河水顺着原本已干枯了的河床直通市内,拥有了一个出入城市的通道。

5.据说,塞米拉米斯在与巴比伦人作战时也曾像上述这样做过,而且疏导的也是这条幼发拉底河。

6.西锡安的克利斯滕斯切断了流入克里萨伊人市镇的水道。就在当地居民饱受干渴之苦时,他重新将河水引了回来,可是,他在水里面放进了黎芦。当地居民饮用这水后纷纷腹泻不止,身体健康大受影响,克利斯滕斯则乘机征服了克里萨伊人。(公元前595年—公元前585年)

惊敌

1.腓力想尽各种办法也无法攻克普里纳苏斯的要塞。于是,他让将士们正对着城墙开始刨土,装出一副要挖一条地道的架势。要塞里的守军推想这地道肯定会通到要塞里来,只好缴械投降。(公元前201年)

2.底比斯人佩洛皮达,有一次准备同时攻打马格尼西亚人的两座彼此相距不远的市镇。在他向其中一座市镇开拔时,他下令按照预先作出的安排——4名骑手头戴花环从另一个营寨飞驰而来,让人看着,感觉像是打了胜仗似的。为了让这个计划看起来更加逼真,他又命令士兵将两座市镇之间的一片森林点燃,让人感觉似乎某座城市正在燃烧。此外,他还让一些俘虏穿上当地市民的衣服排列起来。当守城者看到这些景象后,无不惊恐万分,停止抵抗。(公元前369年—公元前364年)

3.有一次,波斯国王居鲁士将克罗埃苏斯围困在萨迪斯。这个地方一面有陡峭的高山挡着通向市镇的道路。居鲁士让人在靠近城墙的地方竖起许多塔架,那高度和山脊上的高地一般;他又让人在那上面放上许多穿着波斯人军装的假人。夜晚到来时,他让人将这些假人抬上山。黎明时分,他便从另一端向城镇发起攻击。太阳升起时,那些假人在阳光照耀之下好像一个个武士一般,该城的守军误以为他们的市镇已被敌人从背后攻破,惊恐万分,纷纷溃逃,将城市拱手让给敌人。(公元前546年)

攻其无备

1.在攻打迦太基之前,西庇阿正好赶上潮汐变换前抵近迦太基城下,就像他所说的,这是神的指引。紧接着,在退潮落出潟湖时,他率部在敌人还没有反应过来前登上了城头。(公元前210年)

2.费边之子费边·马克西穆斯,发现阿庇城已被汉尼拔的部队占领。他先察看了城镇周围的情况,然后抽调600名士兵,命令他们在一个漆黑的夜晚携带云梯在市镇一处工事坚牢、没有戒备的地方登上城墙,一旦计划成功,他们便将城门打开。这些士兵在执行任务时,天正好下着大雨,哗哗的雨声为他们行动时所

产生的声响打掩护。费边自己则根据信号在另一处率部对敌人发动攻击，最终攻占阿庇城。（公元前213年）

3.在朱古达战争中，盖犹斯·马略曾封锁了穆卢查河附近的一个要塞。这座要塞建在多岩的山丘上，易守难攻，只有一条狭窄的小路可以抵近，其他地方全都是悬崖峭壁。

有一个利古里亚人，是辅助部队中的一名普通士兵。有一天，他出外找水，在山崖之间四处寻找，最后竟爬上了山顶。回到兵营后，这个士兵向马略报告说有办法攻进要塞。马略大喜，派了几名百人队队长带着他们手下最机灵的士兵和最熟悉业务的号手出发了。这些人出发时光着脑袋，赤着双脚，因为：一来，山下的人能看得清他们；二来，他们在岩石之间攀登起来也更方便些。当然，他们带着武器，只不过盾和剑都系在背上。那名利古里亚士兵则为他们做向导。这批人手执木杖，腰缠皮索，经过一番努力，最终来到了要塞的背面。由于该地非常险要，那里根本无人守备。登上后，他们立即根据事先做出的决定吹响军号，还大声喧嚣鼓噪。听到信号后，马略立即率领部下竭尽全力拼死向要塞守军发起进攻。要塞里的平民惊恐万分，他们认为背后已经被敌人攻破，最终马略攻下了这座要塞。（公元前107年）

4.执政官卢奇乌斯·科尔内柳斯·鲁非努斯攻克了撒丁的许多城镇。他之所以能够取得这样的战绩是因为他常常让他的主力部队夜间登陆上岸，并让他们潜伏起来，等到他亲自率领舰船抵达。在敌人前来迎击时，他立刻假装后退而引敌追击到设有埋伏的地方。这个时候，潜伏在岸上的部队便一跃而出，攻击已无人守备的城镇。

5.有一次，雅典将军伯里克利包围了一座城池，由于当地守军的顽强抵抗，伯里克利围而未克。夜间，他命令司号兵吹响军号，并让士兵在临海的城墙下喧嚣鼓噪。敌军以为对方趁夜攻城，便惊慌失措，弃城逃走。于是，伯里克利乘虚而入，占领这座城池。

6.雅典将军亚西比德准备攻打库齐库斯，他让士兵们乘夜出人意料地抵近市镇，并让司号兵在城堡的另一处吹响他们的军号。守城的兵力原本是充足的，但是，守城统帅误以为敌人集中在另一侧，结果集中兵力于敌人来"突击"的那个地段，就这样，亚西比德成功地在毫无抵御的地方破城而入。

7.米都利将军色拉西布洛斯想尽一切办法要攻陷西锡安港。他曾一而再，再而三地从陆地上进攻西锡安人。但是，在西锡安人集中兵力于陆地上时，色拉西布洛斯突然率领他的舰队攻占了港湾。（约公元前600年）

8.腓力包围了一座滨海城镇。他悄无声息地将兵船一对一对地钩连起来，共用一块甲板，并在其上设置塔台。随后，他又从塔台对陆地发起进攻。这样一来，他便将城镇里守军的注意力都吸引过来，直到他把装备有塔台的兵船从海上开来，径自驶抵毫无守备的城下。

9.伯里克利准备进攻伯罗奔尼撒人的一座城堡，但是，通达这座城堡的道路只有两条。伯里克利让士兵挖一道壕沟切断了一条通道，并封锁另一条通道。对此，城堡的守军放松了被切断的那条通道的防御，集中兵力护卫他们看到的对方正在加固设防的另一条通道。但是，出乎意料的是，伯里克利将预先准备好的铺板架在壕沟上，攻击敌人没有防备的地方。（公元前430年）

10.安条克和以弗所人作战。他发出命令，让和他联盟的罗得人于夜间向港湾发起攻击,而且要喧嚣鼓噪,喊声震天。在敌军的大部分守军都急匆匆地赶往港湾后,其他地方的工事却早已无人守卫,而这个时候,安条克乘机攻破另一地段,进而征服了全城。

诱敌入瓮

1.加图包围了拉切坦人,他在拉切坦人能够看得到的范围内将其部队都拉走了,只指派一些在他的同盟者中军事实力最弱的苏埃撒坦人去进攻这座城镇。拉切坦人发动反击,并很轻松地击退了来犯的部队。在苏埃撒坦人向后撤退时,拉切坦人却前去追击他们。这个时候,加图指挥埋伏在周围的军队发动攻击,最终攻占了这座城镇。(公元前195年)

2.在撒丁作战时,卢奇乌斯·西庇阿为了打败一座城镇的守军,下令部队停止包围行动,而是带领一些部队假装撤离。城镇守军看到情况后,立即开门追击,但是他们遭到了埋伏,最终,西庇阿攻下了这座城镇。(公元前259年)

3.汉尼拔包围了希梅拉城,但是他没有攻城而是命令迦太基人撤离,故意引诱敌人前来攻占他的营寨,他让敌人认为自己在这里比对方的兵力更占优势。希梅拉人信以为真,打开城门,兴高采烈地杀向迦太基人的营寨。当汉尼拔确认城里已无守兵时,他便让事先埋伏好的部队攻打希梅拉城。(公元前409年)

4.为了把萨贡托人引诱出城,汉尼拔下令士兵排成稀稀拉拉的战斗队形往城墙边开进。城里的守军见状,打开城门攻打汉尼拔的军队。汉尼拔假装溃退,将一部分兵力插入到敌人追击部队

和城镇之间,如此一来,他的军队便对敌人形成了前后夹击的态势,最终将敌人杀得大败。(公元前219年)

5.迦太基人希米尔科在阿格里真托附近战斗,他将一部分兵力埋伏在市镇附近,并命令他们只要城内守敌出城,就点燃一些湿柴。天刚蒙蒙亮,他便率领其余的部队开拔。他假装溃退,让城里的守军尾随追击,并使其与他的后退队伍保持一定的距离。这个时候,事先埋伏在城墙附近的士兵便按照计划点燃湿柴。阿格里真托人看到冉冉上升的青烟后想起城池可能起火了,便慌慌张张地撤兵。但是,这个时候,他们前方有放火的迦太基人,背后又有他们刚才去追赶的那些迦太基人返身逼来。阿格里真托人被迦太基人前后被夹击,最终遭到失败。(公元前406年)

6.有一次,比里亚托事先让一部分士兵埋伏好,然后派一些人去驱赶塞哥布里根人的羊群。在大批塞哥布里根人杀气腾腾地前来保护他们的羊群,并追赶这些假装逃离的强盗时,他们刚好进入了比里亚托的伏击圈,被打得溃不成军。(公元前147年—公元前139年)

7.当卢库卢斯在赫拉克利亚部署两个大队的兵力作为当地的驻军时,斯科迪斯奇人的骑兵假装驱赶平民的羊群,引诱守军出城。卢库卢斯中计,当他率部追击敌人时,斯科迪斯奇人则假装后撤,将驻军引到他们设下的伏击圈,并将卢库卢斯和他的800名追兵一起斩杀。

8.雅典将军卡雷斯准备攻打一座濒海市镇。他将舰队隐蔽在海岬后面,然后派他的一艘速度最快的兵船前往敌军驻泊地,在他们面前行驶过去。敌军见状,纷纷扬帆追击那艘兵船。这个时候,早已经等候多时的卡雷斯则率领他的其余舰船驶进并占领了此时没有任何防卫的港湾,还占领了这座无人守卫的市镇。(公

元前366年—公元前336年）

9.有一回，在罗马军队从陆上和海上封锁利利巴厄姆时，驻西西里的迦太基将军巴尔卡命令他的舰队的一部分兵船前往不太远的海面游弋，并做出准备有所行动的架势。罗马人见状立即出动，于是，巴尔卡率领他事先躲藏起来的兵船占领了利利巴厄姆港。

佯撤

1.在雅典将军福尔米翁蹂躏哈尔基季基人的土地，而哈尔基季基人派使者前来指控这一暴行时，他心平气和地作了答复。就在他准备打发使者离开的那天夜里，他假装说，市民们给他来信，要他撤军。紧接着，他命令部队后撤一段距离，还把那几个使者放了回去。使者回到自己军营后，向上级汇报说，一切都平安无事了，敌人已经撤走。哈尔基季基人认为对方已经答应赔偿损失并且将部队拉走了，于是放松了对城镇的警戒。然而，出乎他们意料的是，福尔米翁突然率军杀回来，而这时哈尔基季基人已经没有抵挡这突如其来的攻击的军力了。（公元前432年）

2.斯巴达指挥官阿格西劳斯包围了福西亚，在他得知那些为福西亚人提供援助的人已被战争的重荷搞得疲惫不堪时，他故意让部队后撤一小段距离，让敌人感觉他要把兵力调作他用。结果，福西亚人的盟友撤走援军。但是，没多久，阿格西劳斯又率部杀回，并在福西亚人失去支援的情况下一举将其击败。（公元前396年—公元前394年）

3.在亚西比德与拜占庭人作战时，拜占庭人紧闭城门，坚守

不出。亚西比德则设下埋伏，假装撤兵，最终对方放松了警卫，而亚西比德则发动攻击，取得了胜利。（公元前409年）

4.比里亚托撤兵后走了3天的路程，突然率部折返，只用一天时间就赶完了撤兵时走了3天的路程。而塞哥布里根人则因为虔诚地供奉祭祀而放松了防卫，最后，比里亚托把塞哥布里根人打了个措手不及。（公元前147年—公元前139年）

5.在曼提尼亚附近的一次作战中，伊巴密依达收到消息：斯巴达人正赶来支援他的敌人。他脑子里出现了这样一个计划——发动突袭，擒获那些斯巴达人。于是，他发布命令：天黑以后多点营火借以表明他的军队仍留在原地，而隐匿下已经拔营离去的实情。

不料，有人叛变，将消息告诉敌人，斯巴达人的军队竟然赶来了。他立即放弃向斯巴达人方向继续开进，而将这一计谋转用来对付曼提尼亚人。他下令士兵们像先前一样点燃营火，让斯巴达人误以为他会留在那里。而同时他却率部急行军40里地折返曼提尼亚，抵达后，他发现曼提尼亚毫无防备，于是攻下了它。（公元前362年）

提高警觉

1.当希腊城邦遭到斯巴达人围困时，雅典指挥官亚西比德生怕哨兵疏于职守，于是，他要求执勤哨兵留意察看他夜间从卫城上打出的火光，在一看到他亮出的火光之后要立即举起自己手中的火把，凡是未能及时做到的将受到惩处。大家在急切地等待信号，自然会始终保持警觉，如此一来，希腊军队就避免了隐伏于可怖的黑夜之中的险情。

2.雅典将军伊菲克拉特斯驻守科林斯期间，有一次，他亲自出外查哨，他像敌人那样接近自己的部队，结果他发现一个哨兵在哨位上睡着了。他二话不说，一矛刺死这个哨兵。有人指责他的这一做法过于残忍，他答道："我不过让他保持我碰到他时的那副模样罢了。"（公元前362年）

3.据说，底比斯人伊巴密侬达有一次也是如上面这样干的。

传送情报

1.罗马人被围困在卡皮托，他们派遣蓬蒂乌斯·科米尼乌斯去请求卡米卢斯救援。蓬蒂乌斯为了避开高卢哨兵，从塔尔佩伊亚山岩上滑下去，游过台伯河，抵达维爱。他完成使命之后取同一条路径回到他的朋友中间。（公元前390年）

2.当罗马人把被围的卡普阿人看守得严严实实时，卡普阿人派出一个小伙子假装投敌。不久，他找机会逃跑了，把一封藏在腰带里的信送给了迦太基人。（公元前211年）

3.有人把情报写在兽皮上，然后把兽皮缝进猎物的尸体或者羊身上。

4.有人在经过哨位时把情报塞在母牛的尾巴底下。

5.有人把情报写在刀鞘的内衬上。

6.当库齐库斯人被米特拉达梯围住时，卢奇乌斯·卢库卢斯想通知他们，他已经赶来了。那地方只有一个狭窄的入口通往城里，有一座小桥把岛屿跟大陆连接起来。可是，这里已被敌军占据,他只好把信件缝进两只充了气的皮筏子,然后命令一名熟习水性和划船的战士登上筏子。他已把这两只皮筏子用两根板条在底部钩连起来,中间隔有一定距离,并决定用它越过横宽7里地的水面。这个战士干得非常灵巧,他伸开双腿,就像是两把船桨一样划了起来。不知道的人从远处看还以为这是一些海生动物在游动呢!(公元前74年)

7.执政官希尔蒂乌斯经常把信刻在铅皮上,送给被安东尼围困的穆蒂那的德奇穆斯·布鲁图。战士们把铅皮拴在手臂上,然后游过斯库尔滕纳河送走。(公元前43年)

8.希尔蒂乌斯还用发丝把信拴在鸽子的脖子上,再把它们关在黑笼子里,不给它们喂食,然后到尽可能靠近城墙的地方去放飞。这些鸽子由于贪求光亮和食物拼命地朝最高的建筑物飞去,正好为布鲁图所捉。布鲁图就这样得到了有关一切的情报,尤其当他在固定的地方放上食物,并教会这些鸽子飞落到这里来觅食以后,他收到的情报就更多了。(公元前43年)

调用增援和供应粮秣

1.内战中,属于庞培派系的阿特古阿的一座西班牙城镇被围。一天夜里,一个摩尔人打扮成恺撒派系护民官的副官,叫醒了几名哨兵,从他们那里得到了口令。随后,他又去喊醒另外的人,后面的行动也是如此,最终,他使庞培的援军通过了恺撒驻军最密集的地带。(公元前45年)

2.汉尼拔围困卡西利尼期间,罗马人经常将装满面粉的木桶顺着沃尔图诺河往下放,用来缓解被围者的燃眉之急。后来,汉尼拔让人穿河拉上锁链,用来拦阻这些木桶漂过去。对此,罗马人就零零落落地将许多坚果投入水中,使它顺流漂入城里,以此来满足联军对食物的需求。(公元前216年)

3.在穆蒂那的居民遭到安东尼围困而缺盐时,希尔蒂乌斯将盐装进几只大桶,放进斯库尔滕纳河,使之顺流漂到穆蒂那去。

4.希尔蒂乌斯还将宰后的羊放进河里,帮助被围者捞取之后解决生活必需品的问题。

明示充裕之形,暗隐短缺之实

1.在卡皮托遭到高卢人围困期间,罗马人极度缺乏粮食,但是他们还是往敌人堆里扔食物。这就造成一种印象:好像他们的粮食供应还非常充足。最后,罗马人度过了困难期,直到卡米卢斯前来解围。(公元前390年)

2.据说,雅典人在对抗斯巴达人时也曾采用过上述同样的方法。

3.汉尼拔将卡西利尼围了起来。看来,城里的居民正在受着饥饿的煎熬,因为汉尼拔不仅将敌人仅能以充饥的野草也铲除了,还将从他的营帐到城墙脚下的土地犁了个遍。但是,被围者却让人在这片犁翻过的土地撒下种子。这个举动给人的印象是:他们还有足够的东西坚持到作物收割季节。(公元前216年)

4.瓦鲁斯失利后的残部陷入了敌人的重围之中,看起来他们已到了弹尽粮绝的境地。不过,他们想出一条计策:花一晚上的时间赶着俘虏围绕粮库转,然后砍断他们的手,将他们放走。俘虏们回去后汇报说，罗马人还存有充足的粮食。

5.色雷斯人被围困在一座敌人没有办法接近的险峻的山岗上，每人带着很少一点麦子。不过，他们没有将这些麦子吃掉，而是用来喂养几头羊，然后将羊赶往敌营。敌人捉住了这些羊，宰杀之后发现羊肠子里还有不少麦粒。敌人就开始琢磨：色雷斯人竟然用麦子喂羊，他们肯定还有过剩的麦子，于是撤围而去。

6.米利都人曾遭到阿利亚特的长期围困，阿利亚特希望米利都人会因为粮食补给问题而投降。但是，米利都人的统帅色拉西布洛斯在阿利亚特的使者来到之前就做了这样的安排：将所有的粮食全都集中到市场上去，并准备届时开一个盛大的宴会，让全城市民尽情欢宴一番。如此一来，敌人便深信米利都人还有丰裕的粮食，足够长期坚持与围困之敌的斗争。（约公元前611年）

反间

1.一次，有一个名叫卢奇乌斯·班蒂乌斯的诺拉人，鼓动他的同乡好友发动叛乱，目的是报答汉尼拔对他在坎尼交战中负伤时所给予的亲切照料，且将他从俘虏营中送回来。克劳狄乌斯·马尔切卢斯得知消息后，犹豫不决，他不能处死他，因为他害怕处死这个人会激怒其余的诺拉人。于是，他让人将班蒂乌斯找来，跟他谈心，夸奖他是一位英勇非凡的斗士（马尔切卢斯承认以前对此不知道实情），并力劝他留下来。除了这些赞美的话外，马尔切卢斯还送给他一匹坐骑。通过这一番好意相待，马尔切卢斯不但赢得了班蒂乌斯的忠心，而且也赢得了他的同伴的好感，

因为这些人的忠诚是随着班蒂乌斯而定的。（公元前216年）

2.迦太基将军哈米尔卡尔的高卢援军中常常有人逃跑投靠罗马人，罗马人对这些逃兵采取的是认真接待。对此，哈米尔卡尔私下命令他手下最忠诚的士兵假装逃跑，在罗马人前来迎接的时候，这些士兵便将罗马人屠戮。这个行动不但帮了哈米尔卡尔的大忙，而且在罗马人的眼里，那些从对方阵营前来的逃兵都是不可信的。（公元前260年—公元前241年）

3.有一次，驻西西里的指挥官汉诺得知，大约有4000名高卢雇佣兵正在密谋叛逃到罗马人那边去，因为他们已经好几个月都没拿到薪饷了。汉诺不敢惩治这些人，他担心部队发动骚乱。不过，他承诺支付拖欠的款项，在高卢人表示感谢时，汉诺一方面许诺他们在适当时候出去抢劫，另一方面又派出一名最忠诚于他的管事，假装着因为侵吞款项而遭到处罚，进而投奔执政官奥塔奇柳斯。

那管事向执政官报告，未来的某个夜晚，4000名高卢人可能会来劫营，一定要早做准备。奥塔奇柳斯听后虽然不完全相信这名叛逃者带来的消息，但是他也觉得不能够漠然置之。所以，他调集精兵做好埋伏。汉诺的这个举动，使得去劫营的高卢人和奥塔奇柳斯伏兵展开了一场生死之战，高卢人杀死了一些罗马人，而他们自己则无一生还。（公元前261年）

4.汉尼拔也曾采用过上述这样的办法来对叛逃者进行报复。他收到了这样的消息：前一天夜间有些战士叛逃了，而且部队中潜伏着敌人的奸细。对此，他大声宣告：谁也不能将按照他的命令跑到敌人那里去查探对方企图的那些最勇敢的战士叫作"叛逃者"。潜伏在汉尼拔营中的奸细听到后，便立即将消息报告给罗马人。于是，罗马人将那些叛逃者抓起来，砍断他们的双手，再把他们赶走了事。

5.率部守卫安菲波利斯期间，狄奥多图斯怀疑有2000名色雷斯人正在密谋劫掠这座城镇。于是，他对色雷斯人说，几艘敌舰已经抵近海岸，城镇可能遭到洗劫。色雷斯人听后激动不已，随后他们出城作战，狄奥多图斯随即紧闭城门，拒绝让他们再回到城里来。（公元前168年）

出击

1.在哈斯德鲁拔前来包围帕诺木斯时，驻守这座城镇的罗马人故意在城墙上留下少量守军。对此，哈斯德鲁拔疏忽大意，轻率地向城墙逼近，结果，罗马人四处出击，将他打得落花流水。（公元前251年）

2.在利古里亚人的主力突袭埃米柳斯·保卢斯的营地时，埃米柳斯·保卢斯假装非常惶恐的样子，禁止他的部队迎战。后来，在敌人精疲力竭时，他突然下令部队从4门杀了出来，最终击溃了利古里亚人，还抓获到不少俘虏。（公元前181年）

3.罗马指挥官李维乌斯当时占据着他林敦人的城堡。面对迦太基的大军，他派出几名使者去见哈斯德鲁拔，请求允许他们安全撤走。在他用这种欺骗的办法让对方丧失警惕之后，罗马人突然发动攻击，并最终粉碎了来犯之敌。（公元前212年—公元前209年）

4.格奈乌斯·庞培围攻都拉基乌姆期间，不但将他自己的部队从封锁中解救出来，而且还在合适的时间、合适的地点发动了一次攻击。就在恺撒对一个由两道防线围绕的筑垒阵地发动猛烈攻击时,庞培则用这次出击将恺撒封锁住,使恺撒面临极大的危险:遭受内外攻击,里层是他要去包围的人,而背后则是从外边来包围他的人。(公元前48年)

5.在亚细亚的林达库斯河附近和米特拉达梯之子作战时,弗拉维乌斯·菲姆布里亚在自己的侧翼修筑了两道壁垒,并在正面挖了一条壕沟。他下令:所有士兵在敌人的骑兵还没有进入他的筑垒范围之前必须静静地待在他们的工事里。战斗开始后,他突然下令出击,一举歼灭敌军6000人。(公元前85年)

6.当恺撒在高卢的两员副将提图留斯·萨比努斯和科塔的部队遭受安比奥里克斯攻击时,昆图斯·西塞罗请求恺撒率两个军团前去增援,因为他也被敌人团团围住。后来,敌人掉转方向,朝着恺撒压过来,对此,恺撒装出一副惊恐的样子,他不但让部队留在营地里,而且故意让士兵们将营帐扎得比往常狭小些。高卢人满以为胜利在即,就争先恐后地像是要去抢劫敌营一般忙着填沟渠、拆壁垒。就在高卢人毫无战斗准备的时候,恺撒突然率领他的部队从四面八方杀来,将敌人打得大败。(公元前54年)

7.提图留斯·萨比努斯正和高卢人的一支大部队作战,他命令士兵们留在工事里,让敌人以为他惧战。为了让敌人更加深信他惧战,他又派出一名"叛逃者",令其四处宣传罗马军队士气低落,将士们都在谋算逃离。听到这个消息后,高卢人深信不疑,他们扛起木头,背起柴火,想用来填塞壕沟,向罗马大军设在一山岗上的营地冲来。这时,提图留斯率部从高处冲杀下来,这一战,他不仅杀死了许许多多高卢人,还俘虏了大批敌军。(公元前56年)

8.在庞培准备攻击阿斯库卢姆城时,城里的居民让一些年老

的人和体质较弱的人登上城墙。罗马人看到后便戒备松懈，阿斯库卢姆人趁机出击，迫使罗马人溃逃。（公元前90年）

9.努曼蒂亚人被围时，没有在城堡正面部署作战防线，只是紧闭城门不出。波皮柳斯·拉埃纳斯见到后，以为攻城有望，于是下令全军将士攻城。出乎意料的是，城里对此也不作反应，波皮柳斯·拉埃纳斯认为自己中了敌人的陷阱，于是，鸣金收兵。不过，就在此时，努曼蒂亚人出击，在后面攻击正从城墙上往下滑落的罗马人。（公元前138年）

临危镇定，以虚充实

1.罗马人见汉尼拔在自己人居住的城市附近扎下营寨，为了显示他们的必胜信心，他们还特意抽调部队前往西班牙，支援在西班牙作战的罗马大军。（公元前211年）

2.汉尼拔扎营的那块土地，由于土地主人已经死亡被准许出售，罗马人开出的售价和战前这片地产所值的价格丝毫不差。（公元前211年）

3.罗马人遭到汉尼拔围困，对此，罗马人则让罗马大军将卡普阿围了起来。罗马人声称：只要卡普阿不投降，他们就不从那里撤回军队。（公元前211年）

卷四

我读过许多书，收集到不少有关运用谋略的实例，并下过相当的工夫将它们整理分类，以实现我许下的编成3个卷次的诺言。现在可以说，这个诺言终于实现了。在这一卷中，我提出的内容原本并未列入按门类把材料作了归纳的前几卷里，因为这些实例与其说是谋略性的，倒不如说是一般军事学性质的更为贴切。据此，我把它们全都分了出来。虽然例子是鲜明的，但它们属于另外的范畴。我的想法是，希望读者一旦在什么地方偶尔读到它们，并为这些实例竟与前面的材料如此相似而惊讶时，不致于以为是我把它们疏漏了。自然，现在不得不将这些东西作为多余之物（混合性的）提供出来，但即使如此，我也想要保持一种秩序，将材料分作如下几类。

本卷所列实例概类为：

第一，纪律；

第二，纪律的作用；

第三，自制；

第四，正义性；

第五，坚定性；

第六，善意与机巧；

第七，其他。

纪律

1.普布柳斯·西庇阿对罗马军队进行整顿。因为老一辈指挥官的松懈，导致这支军队在努曼蒂亚腐化了。西庇阿采取了这样的办法：赶走一大批随军商贩，通过有规律的、日常的执勤加强士兵的责任感。他常常命令他们行军，强迫他们背几天的口粮。经过一番磨炼，士兵们逐渐习惯于忍饥耐寒，不怕风雨了，而且学会了涉水渡河的本领。他斥责那些胆小怕死和萎靡不振的人，打碎那些只能满足个人享受、对作战完全无用的杯盘器皿。他和保民官盖犹斯·梅米乌斯之间的事尤为感人。据说，西庇阿曾对梅米乌斯这样吼道："你对我来说一时没什么用，而对你自己和国家来说则永远没有用！"

2.昆图斯·梅特卢斯在朱古达战争中的治军也非常严厉。为了整顿军纪，除了食用经过烤和煮去了肥油的肉，他禁止士兵食用过量的肉。（公元前109年）

3.据说，皮洛士对替他去招募新兵的人说："你要挑选身材魁梧的人，我将把他们训练成勇敢的士兵。"

4.在卢奇乌斯·保卢斯和盖犹斯·瓦罗任执政官时期，士兵们才进行宣誓。在此之前，宣誓都是由保民官带领他们念那些忠诚的誓词，士兵们往往彼此相互立誓：作战时不掉队，不因怕死而逃跑，只有在搜索武器、消灭敌人或者救援战友时才离开队

列。（公元前216年）

5.一次，西庇阿·阿非利加努斯看到某个士兵拿着一块精心装饰的盾牌。他说道："我不怪这个士兵如此讲究地装饰盾牌，这说明这个士兵将那块盾牌看得比剑更重要。"（公元前134年）

6.腓力在组建第一支军队时，严禁任何人使用车辆。他允许骑兵每人带一名侍从，而步兵每10人只能有一名侍从，其任务是负责搬运磨盘和绳索。部队前往夏季营房时，他要求每个士兵必须背上自己30天食用的面粉。

7.部队中驮兽太多往往会拖慢部队的行军速度。为了减少驮兽的数量，盖犹斯·马略要求士兵必须将他们的用具和食物捆扎成包，挂在有叉的挑杆上，以此来减轻负担，便于歇息。由此，"马略式的骡子"的说法流行开来。

8.当雅典人特阿真尼斯统率他的军队朝迈加拉开进时，他的下属问他，他们要排成什么队形。对此，他说，他将在抵达目的地后再指定他们的位置。随后，他背地里将骑兵派到前面，让他们假装成敌人，再掉转头来"攻击"自己的队伍。

在计划施行前，他答应作战线的排列可由各人自选位置。在计划施行过程中，那些胆小的都往后退，而勇敢的则朝前跑去。结果，他为每个人在这次战斗中派定的位置恰好正是他现下所见到的那副模样。

9.有一次，斯巴达人的头目来山得惩罚一名行军中脱逃的士兵。当这名逃兵说他离开队伍并不是去抢劫时，来山得则反驳说："我看你连要去抢劫的样子都没有。"

10.安提柯听说他的儿子竟然住在有3个俊俏女儿的一位妇女家里。于是，他对儿子说："孩子，我听人说，你所居住的房子较小，而且还有好几位小姐在照看你的屋子。我看你还是另找一处宽敞一点的住地吧。"他要求他的儿子搬家的同时，又发布了一条规定：凡不满50岁者，一律不准住进有家庭主妇的房舍。（公元前323年—公元前321年）

11.虽然法令没有明确规定，长官的儿子不许随父左右、与其同住一座营帐，但执政官昆图斯·梅特卢斯依旧让他的儿子到部队去服役。（公元前143年或公元前109年）

12.虽然按照法令，执政官普布柳斯·卢蒂柳斯可以将自己的儿子安排在他的营帐内，但他还是让儿子去军团。（公元前105年）

13.马尔库斯·斯考鲁斯不允许他的儿子出现在自己面前，因为对方在特里登廷隘口遭遇敌人时畏缩不前。最后，这位年轻人因经受不住这般凌辱而自尽了。

14.古时候，罗马人和其他部族经常将他们的营帐扎成类似于布匿棚屋群一般，军队按大队分住在这些棚屋里。那个时候，人们除了城邦以外，不懂得如何筑城。伊庇鲁斯国王皮洛士开创了将整支军队集中在同一堡垒范围之内的做法。后来，罗马人在马莱文通城附近的阿鲁斯平原上打败皮洛士，占领了他的军营。

15.有一段时间，普布柳斯·纳西卡住进了冬季营房。虽然根本不需要舰船，但他还是决定造几艘舰船，以免他的部队因为没有事情可做而懒惰起来，或者因悠闲而产生的种种负面影响使他们的联军士气受到伤害。（公元前194年—公元前193年）

16.马尔库斯·加图宣布：士兵凡是因偷窃被捉获的，就要当众砍掉右手；若上级准予处以轻刑，罪犯也必须在大营前出点血才能过关。

17.斯巴达将军克利阿库斯常常告诫他的部队：怕自己的指挥官要比怕敌人更厉害，他的意思是，有的人战斗时怕死，但未必会死，但是对临阵脱逃的人来说，一定会被处死。（公元前431年—公元前401年）

18.根据阿庇乌斯·克劳狄乌斯的建议，元老院将曾被伊庇鲁斯国王皮洛士俘获后又被释放的骑士贬为步兵，将步兵降为轻装兵，并规定，所有这些人在每人杀死两名敌人之前，一律只能住在军营工事之外的营帐里。（公元前279年）

19.执政官奥塔奇柳斯·克拉苏下令：那些在汉尼拔威胁下被遣走，随后又重新回来的人全部离开堡垒，到外面的军营里去。他的目的是，让他们能够适应缺少防御设施的险境，并使他们敢于跟敌人拼搏。

20.在普布柳斯·科尔内柳斯·纳西卡和德奇穆斯·尤尼乌斯担任执政官期间，制定了这样的条令：谁要是在军队里开小差，谁就得当众受鞭笞，然后被卖作奴隶。（公元前138年）

21.在亚美尼亚的伊尼蒂亚要塞附近，多米蒂乌斯·科尔布洛的两个骑兵中队和3个步兵大队在与敌人作战中败退下来。多米蒂乌斯·科尔布洛就让他们到工事外去驻扎，直到他们用行动洗刷掉他们的耻辱。（公元58年—59年）

22.由于紧急情况的出现，执政官奥雷柳斯·科塔命令骑士们去执行某项任务，但一部分人却不听从他的号令。于是，他便向监察官提出控告，这些违令者最终受到惩治。随后，他又让元老院颁布法令，停止支付这些人原先的薪饷。平民保民官也作出对有类似情况的人的处置决定。经过各方共同协力，罗马军队的纪律得到了将士们的遵守。（公元前252年）

23.在西班牙作战时，昆图斯·梅特卢斯有5个大队的人马在与敌人交战中败下阵来。他要求这些士兵写下遗书，随后命令他们回到丢失的阵地上去，并警告说：除非他们取得胜利，否则他们就别想再进军营的大门。（公元前143年）

24.元老院命令执政官普布柳斯·瓦莱留斯统率曾在锡里斯河一带战败的军队到萨皮努姆去，在那里修筑一座营寨并度过了一个冬天。（公元前280年）

25.几个在布匿战争中拒绝履行职责的军团像流放一样被遣送到西西里，经元老院决议，这些军团在7年之内所享用的大麦只能是配给的。

26.由于大队指挥官盖犹斯·蒂蒂乌斯放走了一些奴隶，卢奇乌斯·皮索便让他天天袒胸露背、光着双脚站在帐前，直到夜班看守前来换岗。此外，他还下令犯人不许参加宴会，不许洗澡。（公元前133年）

27.由于一个大队的防线被敌人突破，苏拉下令这个大队连同大队的百人队队长头顶头盔，脱掉军衣在帐前罚站。

28.在亚美尼亚作战时，多米蒂乌斯·科尔布洛手下的一个叫埃米柳斯·鲁福斯的骑兵队长打了败仗。科尔布洛发现鲁福斯的骑兵队武器装备很差，于是，他让侍从将鲁福斯的衣服剥下来，然后命令他站在帐前，直到被释放为止。（公元58年—59年）

29.在从萨谟奈去卢切里亚途中，阿蒂柳斯·雷古卢斯的一些士兵竟然在与敌人遭遇时转身后撤。看到这一情况后，雷古卢斯立即派出一个大队去拦阻他们的后退，并命令大队将这些人作为逃兵杀掉。（公元前294年）

30.执政官科塔在西西里时鞭笞了瓦莱留斯———一位属于瓦莱

里家族的贵族军事保民官。（公元前252年）

31.科塔在渡海去梅萨纳再做一次占卜前，把封锁利帕里群岛的事务交给他的一位有血缘关系的近亲普布柳斯·奥雷柳斯。但是，在奥雷柳斯的工事被敌军烧毁，他的军营被敌军占领时，科塔惩罚了他，并下令将他贬为士兵，让其做普通士兵所做的杂事。

32.监察官福尔维乌斯·弗拉库斯将他的兄弟排挤出元老院，因为后者没有得到执政官的指令却擅自遣散了他在那里担任军事保民官的一个军团。（公元前174年）

33.有一次，马尔库斯·加图已经在敌方岸边拖延了好些天，最后终于在发出3次出发信号后起航离开。不过，这个时候，有一个掉队的士兵从岸上大声叫喊，打手势请求让他登船。加图下令舰队掉转方向，又回到岸边，将此人逮起来并处死。他认为，与其让敌人将这个人杀掉，还不如由他亲自下令将其处死，以儆效尤。（公元前471年）

34.倘若有人在战场上丢失阵地，阿庇乌斯·克劳狄乌斯就会采取抽签的办法将每第10名中签者挑出来杀死。

35.有两个军团面对敌人败退下来，执政官费边·鲁卢斯采取抽签的办法挑出一些人来斩首示众。

36.阿奎柳斯从阵地被敌人攻破的每个百人队中抽出3人斩首。

37.发现敌人将自己的筑垒线焚毁时，马尔库斯·安东尼不但抽杀了驻守于这些筑垒线内的两个大队的十分之一的士兵，而且惩处了每个百人队队长。此外，他还遣散了指挥官，让他们蒙受耻辱，并对军团的其他人改行大麦供应制。（公元前36年）

38.在没有得到上级指令的情况下，军团劫掠了雷吉翁城，最终受到惩治：4000人遭监禁和被处死。此外，元老院还发布公告：倘若有人埋葬死者或为其哀悼，则以违反军纪论处。

39.由于骑兵头领费边·鲁卢斯抗命参加战斗，独裁官卢奇乌斯·帕皮留斯·库尔索尔要惩罚他，虽然这次战斗取得了胜利，但是库尔索尔还是要治他死罪。不管士兵们尽了多大努力，提出多次请求，库尔索尔始终不肯放弃要惩治鲁卢斯的决心。后来，鲁卢斯逃往罗马，但是他仍在被追踪，就算鲁卢斯的父亲跪求库尔索尔，元老院和民众联合起来请求库尔索尔宽大处理，但是鲁卢斯都未能摆脱掉被处死的威胁。（公元前325年）

40.曼柳斯（此人后来得了一个"专横者"的雅号）惩治了他的亲生子，他当着全军将士的面砍了儿子的头，虽然儿子凯旋，但是他儿子去与敌人作战却是违反父亲的旨意的。（公元前340年）

41.当军队准备为小曼柳斯去反叛他的父亲时，他说："为了我而破坏纪律是不值得的。"他就这样说服了他的同事让他去接受惩处。（公元前340年）

42.昆图斯·费边·马克西穆斯用砍掉右手的办法惩治违纪者。（公元前142年—公元前140年）

43.在都拉基乌姆附近跟达达尼人作战时，执政官盖犹斯·库里奥的5个军团中有一个军团叛变，他们拒绝作战，并声称不再听从平庸的指挥官。对此，库里奥命令4个军团全副武装起来，并告诉他们，一旦发生战事，便应各自持械占领自己的位置。随后，他给反叛的那个军团下达命令：全军徒手挺进，成员必须光着身子去劳动，并在武装卫队的监督下割稻草。次日，在同样的情况下，他又强迫他们光着身子去挖沟。不管这个军团如何恳求也无法使执政官更改他撤掉他们的军旗、除去他们军团名字的决

心。最终他还把这个军团的成员分散补充到其他军团去了。（公元前75年）

44.在昆图斯·福尔维乌斯和阿庇乌斯·克劳狄乌斯任执政官期间，坎尼之战后被元老院流放到西西里去的士兵提出要求：希望执政官马尔切卢斯带领他们去征战。马尔切卢斯和元老院协商，元老院认为：他们无法将民众的幸福托付给那些已经被证明为不可信赖的人。但是，他们没有将话说死，而是授权马尔切卢斯酌情处置，条件是不能减轻任何士兵的劳作，不能嘉奖和赠送礼品给他们，只要国土上还有迦太基人，他们便不得返回意大利。（公元前212年）

45.前执政官马尔库斯·萨利纳托曾因在士兵中分配战利品不公受到民众控告。（公元前218年）

46.执政官昆图斯·佩蒂柳斯在作战中被利古里亚人杀害。元老院颁布决定称，执政官被杀害时所在的那个军团是"不合格"军团，并决定扣发整个军团一年的工资，缩减其薪饷。（公元前176年）

纪律的作用

1.内战时期，布鲁图和卡修斯的部队一起在马其顿行军。据说，布鲁图的队伍率先抵近一条河边，然而该地没有桥，必须在那里搭一座桥。但是，卡修斯的部队不管是在架桥还是实施渡河方面都赶在了前头。卡修斯的部队就靠严格的纪律，不但在构筑工事方面，而且在总的作战方面都比布鲁图的队伍优

秀。（公元前42年）

2.盖犹斯·马略有机会统率两支军队中的一支，一支是卢蒂柳斯的队伍，另一支是梅特卢斯的队伍。虽然卢蒂柳斯的部队人数少但纪律严明，马略还是选定了卢蒂柳斯的队伍。（公元前104年）

3.多米蒂乌斯·科尔布洛只有两个军团以及少量的辅助部队，但是因为他整肃了军纪，终于顶住了安息人的进犯。

4.马其顿国王亚历山大征服世界，打败过数不胜数的敌军，他所依靠的还是他父亲腓力带出来的那支拥有铁的纪律的4万人的队伍。（公元前334年）

5.居鲁士在与波斯人作战时仅以1.4万名士兵克服了巨大的困境。

6.底比斯统帅伊巴密侬达率领4000人的队伍（其中骑兵只有400人）战胜了拥有由2.4万名步兵和1600名骑兵所组成的斯巴达军队。（公元前371年）

7.在居鲁士征战阿尔塔薛西斯的雇佣军中，1.4万名希腊人经过战斗击败了10万敌军。

8.就是这1.4万名希腊人，在征战中他们失去了统帅，于是他们将率领其撤退的重任托付给了一个叫作色诺芬的雅典人，最终，他们越过难以通行的异国之地平安归国。

9.薛西斯在德摩比利隘口被300名斯巴达人搞得筋疲力尽，但终于艰难地打败了敌人。他承认，虽然他人多势众，但真正严守纪律的却没有，所以出了岔子。（公元前480年）

自制

1.据传,马尔库斯·加图跟他的水手一样嗜酒。

2.当伊庇鲁斯的使者基尼阿斯将一大笔金银财宝赠给法布里齐乌斯时,后者婉言拒绝。他说,他宁愿统管那些手里有金银财宝的人,也不愿意将财宝抓在自己手上。

3.阿蒂柳斯·雷古卢斯虽然身居高位,但是他的生活非常清苦,只靠着一片小小的农庄养家糊口,他将那片农庄交给管家管理。在收到管家的死讯后,雷古卢斯向元老院提出辞呈,要求他们委派别人来接替自己的职位,因为这名仆人的死亡让他的财产受到损失,此时此刻他必须守在家里。(公元前255年)

4.格奈乌斯·西庇阿在西班牙赢得许多战绩后阵亡。牺牲时,他一贫如洗,甚至连替女儿们置办嫁妆的钱都没有留下。元老院考虑到这点,便决定由国家出资为她们置办嫁妆。

5.雅典人也是这样对待阿里斯泰德的女儿们的。此人生前虽然掌管过相当富足的国库,但是他个人临死时一贫如洗。(公元前468年)

6.底比斯统帅伊巴密依达是一个非常克俭的人,他的行李只有一张席子和一杆烤肉用的铁钎,仅此而已。(公元前362年)

7.天还没有亮,汉尼拔就起身,这已是他的习惯。他常常工作到深夜,从不休息。黄昏来临时,他邀好友来进餐,但是他在营帐里为客人摆设的座位从来不超过两个。

8.就是这位将领,当汉尼拔在哈斯德鲁拔手下任职时,经常裹着一条普通的军毯席地而卧。

9.据说,西庇阿·阿非利加努斯常常在行进中用餐,他常常和他的朋友们同走同吃。

10.对马其顿国王亚历山大也有上述类似的说法。

11.我们曾读过,马西尼萨19岁时就常常于中午时分在他的帐篷前站着或者踱着步用餐。

12.为了庆贺马尼乌斯·库留斯击败萨宾人的胜利,元老院决定赐予他比一般退役军人多得多的土地,不过,他本人却以能得到普通军人所得到的土地为满足。他说,谁要是因为与其他人所得相同而耿耿于怀,那他就是一个劣民了。

13.像马尔库斯·斯考鲁斯统领的队伍那样,全军严守军纪,秋毫无犯,是很难做到的。在斯考鲁斯名下记有这样一个故事:部队在军营构筑地区的一端有一棵挂满累累果实的树,但是直到部队撤离时,树上的果实仍完好无损。

14.在恺撒·图密善·奥古斯都·日耳曼尼库斯的批准下,由尤利乌斯·奇维利斯挑起的在高卢的一场战争中,有一座非常富庶的林贡斯人的城镇虽然已经选择投靠奇维利斯,但他们依旧担心一旦恺撒的大军杀来,城镇将难逃劫难。不过,出乎意料的是,居民们并没有遭到屠戮,他们的财产没有一丝受损,他们终于归顺,并交给罗马人7万名士兵。(公元70年)

15.卢奇乌斯·穆米乌斯攻陷科林斯后,非但没屠城,而是用雕塑和绘画,不但将意大利而且也将各行省装饰得富丽堂皇。而他本人却没有中饱私囊,或者满足他女儿的迫切需要,倒是最后,元老院用公费为他的女儿置办了嫁妆。(公元前146年)

正义性

1.当卡米卢斯围困法利希人时,有一个学校的老师带着法利希人的孩子装作游玩离开城镇,这个老师将孩子们交给卡米卢斯,并说,只要将这些孩子当成人质,那么这座城镇就会屈服,人们就会执行卡米卢斯的命令。但是,卡米卢斯不但非常厌恶这个老师的叛卖行径,而且将其反背手捆绑起来,叫孩子们用树条赶着老师回去见他们的父母。就这样,卡米卢斯以仁义换来了胜利,对于通过欺诈手段获得的胜利,他是瞧不起的。最终,法利希人被他的正义之举感动,自愿归顺于他。(公元前394年)

2.伊庇鲁斯国王皮洛士的医生来找罗马统帅法布里齐乌斯,他说,如果他能够取得丰厚报酬的话,他可以给皮洛士服毒药。但是,法布里齐乌斯不屑采取这种罪恶的手段攫取胜利,他向皮洛士揭发了这个医生的阴谋,这一高尚的行为最终让皮洛士下定决心去博取罗马人的友谊。(公元前279年)

坚定性

1.当格奈乌斯·庞培的士兵狂妄地宣称:要将为庆贺胜利归来而带来的钱财私吞掉时,塞尔维柳斯和格劳奇亚对庞培说,最好将钱财分发掉,以免发生暴乱。可是,庞培却说,他没打算出席凯旋仪式,绝不屈从于他的士兵们的抗命。他在指责完士兵后将用桂枝做成的权标朝他们脸上扔去,让他们举着这些权标去抢劫。他以这样的羞辱方式使部下清醒过来并服从他的统领。(公元前79年)

2.在内战混乱时期发生过一起哗变。当部队将士喧闹不已时,盖犹斯·恺撒杀了几个领头者,然后遣散整个军团。后来,被他遣散的这些人又要求他免除他们的耻辱。恺撒答应了他们,将他们召了回来,并且将他们训练成最好的士兵。(公元前49年)

3.前任执政官波斯图米乌斯要求全军将士英勇杀敌,士兵们问他,他将如何给他们下达命令,他说,你们照着我干就行。于是,他高举战旗,身先士卒,向敌人冲去。看到他这样,士兵们紧随其后,一举夺得胜利。

4.一次,克劳迪乌斯·马尔切卢斯遭遇高卢人的队伍。刚开始,他掉转马头绕了一圈,想查看一下周遭地形以便逃生。但是,只见四周都是敌军,他祈祷神灵保佑,一头冲进敌阵中央。他的这一举动让敌人大吃一惊,而他则乘机斩杀了他们的主将。(公元前222年)

5.卢奇乌斯·保卢斯在坎尼损兵折将后,伦图卢斯送给他一匹马,让他逃走。但是,他却无法忍受这次败北带来的耻辱,虽然这次失败并不是他造成的,他选择了靠在战场上的一块石头上,直到敌人围上来将他击毙。(公元前216年)

6.保卢斯的同事瓦罗在这次惨败后存活了下来,他认为成功还是有希望的。对此,元老院和人民都感谢他,他们说"因为他对共和国没有丧失信心"。后来,事实证明,他的劫后余生并不是因为贪生,而是出于对国家的热爱。此后,他蓄发留须,不修边幅,就寝时从不侧卧。此外,他拒绝人民和元老院任命的各种高位,他说,国家需要比他更能创造幸福的官长。

7.罗马人在坎尼战败,森普罗尼乌斯·图迪塔努斯和格奈乌斯·屋大维两位军事保民官被包围在一座小军营里。这两人劝说将士们拿起武器,跟随他们冲出敌人的包围,他们说,就算谁都没有胆量冲出去,他们也已经决定这么干。虽然犹豫不决的人群中只有12名骑士和50名步兵愿意相信他们,但是他们还是安全抵达了卡努西翁。(公元前216年)

8.在西班牙时,盖犹斯·丰泰留斯·克拉苏派出的3000人征粮队被哈斯德鲁拔围在一处不利的地形上。他只将自己的逃脱计划告诉最高等级的百人队队长们。在夜幕降临、万籁俱寂的时候,他们穿越过敌人的警戒线。

9.在萨谟奈战争中,执政官科尔内柳斯有一次不巧在一片不利的地形上碰上敌军。普布柳斯·德奇乌斯建议科尔内柳斯立即抽调一支小分队去抢占附近的一个高地,并主动请缨担任该分队的头领。敌人见状,纷纷朝普布柳斯·德奇乌斯杀过去,而这个时候,科尔内柳斯却逃脱了。但是,德奇乌斯还是通过夜间突围摆脱了险境,他和手下毫发无损地与执政官会师了。(公元前343年)

10.有一个人在执政官阿蒂留斯·卡拉蒂努斯的统率下也曾获得过上述同样的功绩。他的名字有很多叫法:拉贝柳斯、昆图斯·凯迪奇乌斯、卡尔普纽斯·弗拉马。此人看到部队已经进入谷地,而这谷地的所有出口及周遭的制高点都被敌人占领,他建议执政官派给他300名士兵。他告诉这300人,要用自己的英勇顽强去拯救部队。话音刚落,他便身先士卒冲进谷地,而敌人则从四面八方压过来,想一举将他和他的追随者全部歼灭。不过,他们以长时间的顽强战斗牵制住敌军,给执政官制造机会救出他的主力部队。(公元前258年)

11.盖犹斯·恺撒即将和日耳曼人及其国王阿廖维斯图斯作战,但是他的部下斗志消沉。于是,他将士兵们召集起来当众宣布,到那一天他将委派第10军团单独去作战。通过这样的办法,他既激励第10军团的将士,他们因为受到非凡的英雄气概的褒奖而振奋起来,又让其他军团会想到骁勇善战的美名已被第10军团获得而深感耻辱。(公元前58年)

12.腓力声称,如果斯巴达人的城邦拒不投降,那么他就要让这座城邦失去许多东西。这时候,有一个斯巴达的贵族说道:"他能够使我们失去为捍卫祖国而牺牲的决心吗?"

13.有人告诉斯巴达人的头领莱奥尼达斯说,波斯人将发射数以万计的箭矢将天空遮住,莱奥尼达斯则答道:"好呀,那就让我们在一片漆黑中战斗吧!"

14.有一次,行政长官盖犹斯·埃柳斯正在审理案子,一只啄木鸟停落在他头上。这个时候,几个占卜者在一起议论,结论是:如果将那只啄木鸟放生,敌人将取得胜利;要是将它杀掉,罗马人民会得胜,但是,盖犹斯·埃柳斯和他一家人准定遭殃。不过,埃柳斯毅然杀了啄木鸟。最终,罗马人终于得胜了,可埃柳斯本人连同他家族的14名成员却在战斗中阵亡了(有些权威人士认为这里提及的那个人不是盖犹斯·埃柳斯,而是拉埃柳斯,阵亡的不是埃柳斯家族的人,而是拉埃家族的人。)

15.有对都叫普布柳斯·德奇乌斯的罗马父子,两人决心为拯救祖国而献身。他们身先士卒,冲锋陷阵,为自己的国家赢得了胜利。

16.在亚细亚与阿里斯托尼库斯交战时,普布柳斯·克拉苏在埃拉亚和米里那之间被敌人生擒。作为罗马执政官被敌人俘虏,克拉苏备感耻辱,于是他用那根赶马的鞭子将生擒他的那个色雷斯人的眼珠子抠了出来。这个色雷斯人痛得直跺脚,最终杀了他。克拉

苏就这样实现了愿望，免遭奴役的耻辱。（公元前103年）

17.监察官加图之子马尔库斯在一次战斗中因为坐骑绊倒而落马。加图从地上爬起来却发现他的宝刀已从鞘里遗落，他害怕因此蒙受耻辱，于是他又重新冲进敌阵。结果，虽然他身上多处负伤，但最终夺回宝刀，回到自己的队伍里。（公元前168年）

18.迦太基人包围了佩蒂利亚。佩蒂利亚人由于食物短缺，只好将小孩和老人送出城外，而他们自己则将兽皮用水浸泡，然后再用火烤干借以充饥，此外，他们还吃树叶，吃各种野兽，顶住围困达11个月之久。（公元前216年）

19.被围困在康萨布拉的西班牙人也经历过上述同样的苦难，只不过他们的市镇没有屈服于伊尔图莱乌斯。（公元前79年—公元前75年）

20.据说，遭汉尼拔包围的卡西利尼人忍受着极度的饥饿，以至于一只老鼠竟能卖到200第纳流斯。（公元前216年）

21.米特拉达梯包围了库齐库斯，他将从这座城里俘虏的人推到前头，用来恐吓被包围者。他满以为，敌人会心生怜悯，并最终投降。但是，城里人却勉励俘虏们英勇牺牲，他们坚贞不屈地保持了对罗马的忠诚。（公元前74年）

22.在比里亚托答应将塞哥维亚人的妻子和儿子送回去时，塞哥维亚人却宁肯看到他们的亲人作为人质遇害也不愿背叛罗马。（公元前147年—公元前139年）

23.努曼蒂亚人宁肯紧闭大门饿死在家中也不愿屈膝投降。（公元前133年）

善意与机巧

1.昆图斯·费边的儿子敦促他以牺牲少数人为代价去攻占有利的地形,昆图斯·费边问道:"那么你是否愿意被列入这少数人之中呢?"

2.有一次,色诺芬骑在马上下达命令:步兵们去占领一块高地。忽然间,他听到有个士兵在嘀咕:他倒轻松,骑在马背上,却要人家去干这么艰难的差使!色诺芬跳下马来,将那个人从队伍里拉出来,让他骑上马背。他自己则和大家一起朝着那块高地奔过去。那个士兵再也无法忍受这种情况,在同伴们的一片嘲笑声中,自己从马背上跳落下来。最后,大家劝说色诺芬上马,好让他保持承担将帅重任所必需的精力。(公元前401年)

3.冬天,亚历山大率领大军行军,他走在队伍头里。他在一堆篝火旁坐下,察看部队行军。当他看到有一名士兵快要冻僵时,他便将这位士兵叫到自己跟前,然后对他说:"如果你生在波斯,你坐到国王的位子上去,那你就肯定犯了死罪,可你是生在马其顿,这可就是你的殊荣了。"

4.神圣的韦斯巴萝·奥古斯都得知,一个出身名门但不适合军职的子弟因为处境拮据而落魄沮丧,韦斯巴萝立即恢复了他的财产和门第资格,并让他光荣退役。

其他

1.盖犹斯·恺撒经常这样说:"我对待敌人所采取的也就是大多数医生对待人身上的疾病所使用的同样的办法。"这就是说,用饥饿而不是用刀枪去征服对手。

2.多米蒂乌斯·科尔布洛常说,击败敌人的武器是镐。

3.卢奇乌斯·保卢斯经常说,一个将帅在品格上应当具有长者的风度,他的意思是说,作为将帅处事须深谋稳健。

4.有人说,西庇阿·阿非利加努斯参加战斗的机会太少,他这样答复道:"我来生就是当将帅,而不是当士兵的。"

5.有个条顿人向盖犹斯·马略发起挑战,要他走到前边来,马略这样回答道:"如果你想找死,我可以用一根绳子了结你。"但是,那个人固执己见,不愿意离去,于是马略找来一个相当委琐的角斗士,并对那个条顿人说:"要是你能先打赢这名角斗士,那我再亲自跟你较量。"

6.昆图斯·塞多留从实践中得知,他是绝对无法和整个罗马大军相抗衡的。为了使鲁莽求战的异邦人也能懂得这一点,他当着他们的面牵来两匹马:一匹强壮,一匹羸弱。然后,他又叫出两个年轻人:一个壮实,一个瘦小。他下令让那个壮实的小伙子拔下那匹弱马的整条尾巴,而让那个瘦小的小伙子把那匹壮马尾巴的毛一根一根地拔下来。当瘦小的小伙子完成他的任务时,那个身强力壮的汉子却仍然没有把那匹瘦马的尾巴拔下来。于是,塞多留告诉大家:"通过这个实例,我想向你们、我的士兵们说明罗马大军的特性。谁要是把罗马大军当作一个整体去打,那他们是不可战胜的;可谁要是能将其分为各个部

分而分别去攻击它，那这支军队就会被分割，被打垮。"（公元前80年—公元前72年）

7. 执政官瓦莱留斯·拉埃维努斯在军营里抓获一名奸细。为了表明自己对部属极为信任，他下令士兵带着此人到各处转转，并声称，为了震慑敌人，他的军队对敌人的奸细实行开放，只要敌人想来查探，随时可以前来查探。（公元前280年）

8. 高级百人队队长凯迪奇乌斯代理着日耳曼地方作战指挥官的职务。在瓦鲁斯战败后，当罗马大军遭到蛮夷围困时，他担心蛮夷们会将他们存放在那里的木材搬运到营垒附近来，放火烧他的军营。于是，他便下令士兵们四处窃取木材，做出自己急需木料的假象。结果，日耳曼人将所有的木料全都藏了起来。

9. 在一次海战中，格奈乌斯·西庇阿朝敌人的舰船上扔装满沥青和树脂的罐子。在这些罐子掉落下来时，由于罐子本身的重量所产生的杀伤力以及从罐子里飞散出来的易燃物引起的大火，给敌人造成了重大伤亡。

10. 汉尼拔让安条克国王将装满毒蛇的罐子朝敌船上扔过去。这样，敌军水手们会因慑于这些毒蛇而无心恋战，也就无法再执行他们的航行任务了。

11. 普鲁夏斯也曾如上述这么干过，当时他的舰队眼看就要支持不住了。

12. 马尔库斯·波尔奇乌斯·加图跳上敌船，将迦太基人全都赶下船去，随之，他将武器和各种标识分发给自己的部下，他利用对方的武器装备骗过敌人，凿沉了好几艘敌船。

13. 雅典人常常受到斯巴达人的侵袭。有一次，当雅典人在城外为纪念密涅瓦而欢度节日时，他们故意装出一副虔诚的礼拜者的模样,而将武器藏在衣襟里面。在纪念活动结束时,他们并没有立刻返回雅典,而是迅速地向斯巴达挺进,那时他们似乎已无所畏惧,使劲地踩躏敌人的土地,可在这以前他们自己往往是敌人劫掠的对象。

14.卡修斯一把火烧着了几艘已经毫无用处的货船,随后这些船顺着风势朝敌人的舰队开去,就这样他用火攻消灭了敌人。(公元前48年)

15.马尔库斯·李维乌斯将哈斯德鲁拔打败了。有人劝他追击残敌,以求全歼,他则这样回答道:"还是留下一些活着的人,让他们将我们获胜的消息传过去吧!"(公元前207年)

16.西庇阿·阿非利加努斯常说,穷寇不但不可追杀,还应为之开辟一条生路。

17.雅典人帕凯斯曾经承诺,只要敌人交出铁器,就保全他们的性命。但是,当敌人遵行这些条件时,他却下令将所有的敌人杀了,因为他们的斗篷上都佩有铁制的胸针。(公元前427年)

18.哈斯德鲁拔攻入努米底亚的领土,企图征服他们。努米底亚人严阵以待,决心拼命抵抗。对此,哈斯德鲁拔宣称,他此行不是来打仗的,而是猎象。所有人都知道,努米底亚是个盛产大象的地方。当地人则提出条件:猎象没问题,必须支付费用。哈斯德鲁拔答应支付一大笔钱。通过这种假象,他让敌人放松了戒备,最后,他发动攻击并征服了努米底亚人。

19.为了突袭底比斯人的军需供应船队,斯巴达人阿尔凯塔斯将他的兵船先藏在一个隐蔽的地方,并做好作战准备。同时,他还用一艘大帆船轮流地训练桨手,这让人感觉他就只有这么一条船。在底比斯人的船只航行经过时,他却派出所有的

船只去攻击他们,就这样,他成功地将敌人的供应船截了下来。(公元前377年)

20.托勒密只有一支小部队,却要和佩尔狄卡斯强大的军队作战。他让一些骑手将所有的牲畜全都赶出来,然后在它们的尾部系上树枝,让它在地上来回拖曳,而他自己则率部冲杀敌军。结果,牲畜掀起的尘土造成了他们后面有一支大部队开过来的假象,这一情景使敌人惶恐起来,最终招致失败。(公元前321年)

21.雅典人迈隆尼德斯马上要和拥有强大骑兵的底比斯人作战了,在战前,他对全军将士说,如果他们能在原地坚持住,那他们就有获救的希望;一旦支持不住,那他们只能血染疆场。通过这个办法,他激发了全军将士的斗志,并终于赢得了胜利。(公元前457年)

22.盖犹斯·皮纳留斯曾担任西西里恩纳守备部队的司令官。恩纳的地方长官向他索要由他掌管的城门钥匙,他怀疑他们准备投靠迦太基人,于是,他对对方说,给他一晚上的时间好好考虑。他给士兵们分析希腊人的谋反行为,同时指示他们做好准备,等他第二天发信号。第二天天刚破晓,他当着部队的面,向恩纳的民众宣布,倘若城内的居民都赞同的话,他将交出钥匙。在大多数居民都赶到剧院来解决这个问题时,许多人反叛的迹象暴露了,皮纳留斯便向他的士兵发出信号,他的部队最终将恩纳的市民全都杀死了。(公元前214年)

23.雅典将军伊菲克拉特斯按照敌军的样式把自己的舰队装备起来,并驶向对其民族持怀疑态度的某座城镇。由于没有得到当地人的热情欢迎,他便对当地人大加指责,并劫掠了这座城镇。

（公元前390年—公元前389年）

24.提比略·格拉古宣称，奴隶志愿兵中表现英勇的能够获得自由，但是懦夫将被处以死刑。其中，有4000名作战懒散的人害怕受到惩处，便集中到一个筑有工事的小山坡。对此，格拉古派人去告诉他们，在他看来，在夺得的胜利中，所有的奴隶都有一份功劳，因为是他们把敌人打败的。最终，这些人回到了部队。（公元前214年）

25.特拉西梅诺湖之战，罗马人大败。战后，汉尼拔按照缔结的条款可以得到6000名敌军士兵，不过，他并没有奴役这些士兵，而是宽厚地应允"拉丁族姓"的人员返回他们的村镇，并声称：他进行这场战争的目的是解放意大利。结果，在这些人的协助下，好几个部落投降了。（公元前217年）

26.罗马舰队司令官克里斯皮努斯包围了洛克里，马戈就让人向罗马兵营散布谣言，说汉尼拔已经将马尔切卢斯杀了，而且正统率大军前来支援洛克里。紧接着，他又秘密地派出骑兵，命令他们一定要出现在人们看得见的山头活动。克里斯皮努斯深信不疑，因而登船逃跑了。（公元前208年）

27.在努曼蒂亚之战中，西庇阿·阿非利加努斯不但将弓箭手和投掷手配属给步兵大队，而且也配属给百人队。（公元前133年）

28.帖撒利人说服底比斯人的头领佩洛皮达逃走，他在河上匆匆地架起一座便桥，过了河。随后，他命令后卫部队放火烧毁这座桥，免得它成为敌人渡河的工具。（公元前369年—公元前364年）

29.罗马人根本不是坎帕尼亚骑兵的对手。对此，总督福尔维乌斯·弗拉库斯军中的一名百人队队长昆图斯·奈维乌斯使出了一条计策：从全军中挑选出若干名飞毛腿，给他们装备好盾、头盔和剑，每人再配以7杆约4尺长的矛，随后将这些人配属给骑手们，下令让他们贴近墙根，埋伏在这附近，在罗马骑兵退却时，这些人就混到敌方的骑兵中间杀将开来。如此一来，坎帕尼亚人遭到惨败，尤其是他们的马匹损失更大。最后，敌方的队伍混乱不堪，罗马大军获得了胜利。（公元前211年）

30.在吕底亚，普布柳斯·西庇阿发现，夜以继日的大雨将安条克的军队搞得疲惫不堪，随后，他又发现，不但人和马已经精疲力竭，就连弓也因为弦被浸湿而无法使用。于是，他建议次日发动会战，虽然那是一个神圣的宗教献祭日。最后，这个计划得到采纳，他因而赢得了胜利。（公元前190年）

31.在加图劫掠西班牙时，和罗马结盟的部族伊莱尔杰特人的使者前来求救。这个时候，加图既不能拒绝出兵，又不愿因分兵而削弱自己的实力。最后，他抽调三分之一的兵力准备好口粮，上船出航前去营救盟军，不过，他背地里给这些将士下达命令：他们要以中途遇逆风为由返航。可是，有关他前去支援的消息早已散播出去，最终伊莱尔杰特人斗志高昂，而敌人的攻城计划则付诸东流。（公元前195年）

32.庞培的队伍里有一支很强大的罗马骑兵部队，这支部队极善使用武器，给盖犹斯·恺撒的部队带来了重大伤亡。恺撒大怒，下令部队用他们的刀剑直刺敌人的脸和眼睛。最终，他以此逼退庞培的部队。（公元前48年）

33.在一次激战中，佛克赛人遭到森普罗尼乌斯·格拉古的步步紧逼，身陷险境。于是，他们只好用大车围了一个大圈，将主力保护起来,而车上载满穿着女人衣服的最勇敢的战士。看到这种情况,格拉古便放心大胆地向敌人冲杀过去,因为他认为自己所面对的不过是一群妇女,不料,那些大车里的人发动有力的反击,最终迫使他转身溃逃而去。(公元前179年—公元前178年)

34.卡地亚的欧迈尼斯是亚历山大的继承人之一。当他被困在某个要塞时,他根本没办法训练他的马匹。于是,他每天在固定的几个小时内将那些马匹吊起来,让马用后腿支住身子,两条前腿则悬在空中,然后移动马的后腿,直到战马满身淌汗,通过这种锻炼方式,他恢复了马的英姿。(公元前320年)

35.蛮夷们承诺:做马尔库斯·加图的部队的行军向导,充当他的增援部队,条件是必须给他们一大笔钱。加图不假思索地同意了,因为如果他们得胜,加图可以从敌人的战利品中支付这笔酬金,而一旦战败,身首异处,那么酬金的事情自然也就不需要支付了。(公元前195年)

36.有一位名叫斯塔蒂柳斯的优秀骑手想投敌,昆图斯·马克西穆斯让人将他请到自己的住处。经过了解,马克西穆斯发现,由于战友们的妒忌心理让他至今尚不知道斯塔蒂柳斯的赫赫战功。对此,马克西穆斯向他表示深深的歉意,随后,马克西穆斯又赠送给他一匹坐骑,还赐予他许多金银。这样,让原本害怕被责罚的骑士充满了喜悦,最终,马克西穆斯赢得了一名忠诚而勇敢的骑士。

37.腓力听说有一个叫皮提阿斯的杰出的勇士由于家境贫寒无力抚养3个女儿,且又得不到国王的资助,因此打算离去。有人向腓力建议,一定要加强防备,留意此人。腓力答道:"当然不能这样！如果我的身体的某个部分出现问题，我能把它割下来，而不去求医治疗吗？"随后，他悄悄将皮提阿斯请来，跟他单独进行了一次推心置腹的谈话。当他确定对方家里境况实在艰难时，便资助了他一些钱财。如此一来，腓力便获得了一名优秀的、忠心耿耿的心腹。

38.在一次与迦太基人的会战中，提图斯·昆克蒂乌斯·克里斯皮努斯失去了战友马尔切卢斯。这次战斗，他被打败了。当他得知殉难英雄的印章戒指被汉尼拔抢走后，立即修书一封，让人快马加鞭地发往意大利各自治城邦，告知居民们一定不要再相信用马尔切卢斯的戒指印章封缄送去的信件。结果，汉尼拔袭击萨拉皮亚和其他城邦的计划付诸东流了。（公元前208年）

39.坎尼之战败北后，罗马人就像惊弓之鸟一样，大多数死里逃生的人都想逃离意大利，就是那些出身名门的贵族也认为应该离开意大利。当时，年轻的普布柳斯·西庇阿与他们展开了一场激烈的辩论：谁如果拒绝立下誓约，他将亲手将其杀死，并宣布他本人无意离开意大利。紧接着，他率先立下誓约，拔出他的宝剑，威胁站在他身旁的人——谁不立下誓约，就将他杀死。这个人害怕了，被迫立下忠节誓约，而其他人则效法此人的行为。（公元前216年）

40.有一次，沃尔斯奇人在灌木丛和森林近侧安营扎寨。卡米卢斯让士兵们将火种扔到每一件易燃的东西上。结果，一经起火，火势迅即蔓延到整个壁垒。最终，他让敌人失去了营帐。（公元前389年）

41.普布柳斯·克拉苏和他的整支部队一起，在同盟者战争中，他主要依靠上述这种办法打败敌人。（公元前90年）

42.昆图斯·梅特卢斯要从西班牙的军营撤走。他希望他的将士们保持队伍严整。

他宣布他已发现前方有敌人的伏兵,因而要大家不得远离军旗的位置,也不要造成队伍混乱。他之所以这样做,主要目的在于加强纪律。不料,中途真的遇上了伏兵。他觉察到他的士兵竟毫无惧色,因为他已经使大家做好了战斗准备。(公元前143年—公元前142年)

后记
POSTSCRIPT

历经两年多的艰辛操作,"战争论"丛书终于付梓出版发行了。我们当初提出这套选题,目的就是在当前国际形势日趋复杂的情况下,深感有必要在未雨绸缪之际,通过精选古今中外(尤其是国外的)军事名著,加以聚合编辑出版,成套系、整体性推出,一方面满足广大军事迷的阅读需要,另一方面为普通大众的军事素养提高、国防意识培育做出点贡献。在世界丛林中的狼烟骤起时,我们必须做到有备而无患。在国际风云变幻莫测、战争的危险丝毫未减甚至可以嗅到战争的烟火味时,作为嗜好和平的中国人,有必要具备必要的军事素养,以求在危机来临时刻保卫自己。与此同时,这套经典军事名著,也适合广大现役、退役以及预备役军人学习。

作为一部囊括了蒋百里《国防论》、马汉《海权论》、杜黑《制空权》、马汉《海军战略论》、克劳塞维茨《战争论》、若米尼《战争艺术概论》、弗龙蒂努斯《谋略》、米切尔《空中国防论》、韦格蒂乌斯《兵法简述》、鲁登道夫《总体战》等经典名著的大型军事丛书,从读者调查、市场摸底、资料搜集、材料分析、选题提出、选题立项、精选书目、翻译改编、编辑校对、内容审查、学术考证、核查定稿、装帧设计、印制发行等，在每一个环节中，参与该项目的人员都付出了巨大心血，我们在此一并表示感谢。我们由衷地感谢华中科技大学出版社各位领导、编辑，以及耿振达、陈雪、程效、甘梦竹、贾琦、齐芳、王晓黎、吴玲、徐冰莹、张亮、赵英媛、赵梓伊、宋毅、唐恭权、李传燕、魏止戈、温锦婷、王静、顾凤娟、曹锦林、曹燕兰、李玉华、宋国胜、李家训、薛莹、胡滨、李巍、景迷霞、查攸吟、周静、刘啸虎、肖倩、许天成、王顺君、褚以炜、杨志民、陈杰、马千、常在、李楠、张子平、张捷闻、翁伟力、吴田甜、王钻忠、孟驰、陈翔、张宏轩、李湖光、傅仰哲等人员。

因时间紧、水平有限，整套"战争论"丛书中难免有疏漏之处。在此，恳请广大读者批评指正。我们在此表示由衷的谢意。